はじめ

「スクールカウンセラー」。学校の児童生徒や保護者、また教職員が抱える様々な問題に応じる心の専門家です。今や、教育関係者はもちろんのこと、福祉、医療、保健領域に携わる人の中に、この名称を知らない人はいないのではないでしょうか。

　スクールカウンセラーが日本に本格的に導入されたのは2001年のことでした。当初、全国の中学校、全校への配置を目標に始まった事業でしたが、その活動が評価されるにつれ、導入する学校は増え、現在では小学校から高等学校までのほとんどの学校に配置されています。

　2021年8月、文部科学省は幼稚園にもスクールカウンセラーの規定を準用するよう、学校教育法施行規則の一部を改正しました。教育現場では早くから「幼稚園や保育園にもカウンセラーを」「小学校からでは遅い」との声が挙がっていましたが、ようやくそれが実現しました。これをもって、幼稚園にも、保育者、保護者や子どもを心理面から支援するカウンセラーを配置できるようになりました。

　これまでも、幼稚園や保育所で保育者が「気になる子」に対応すべく、独自の予算で私立幼稚園に「キンダーカウンセラー」（後述）を導入している自治体や、保育所や公立幼稚園への「巡回相談」を実施している市町村はありますが、そもそも就学前施設に定期的に訪問し、活動しているスクールカウンセラーのような専門家がいることを、知らない幼稚園、保育所関係者も少なくありません。

本書では、今回の省令改正を機に、幼稚園がカウンセラーを導入しやすいように、幼稚園でのカウンセラーの役割や活動内容を、実際の活動の流れや問題解決の方法、相談事例などとともに、カウンセラーを有効に活用するための必要な知識をまとめました。

　また、筆者のキンダーカウンセラーや保育巡回相談員としての活動経験から、幼稚園と保育所での活動の違いや、心理専門職から見た理想的な乳幼児期の子育て支援のあり方についても触れています。

　現在、幼稚園は文部科学省、保育所は厚生労働省、認定こども園は内閣府と管轄が異なる状況ですが、2017年3月に幼児教育基準のねらいが「どの施設に通っても同じ水準の幼児教育、保育環境が保証されるように」と統一されたのは、記憶に新しいところです。子育て支援や発達支援に関しても同様で、どの施設でも同じ水準の支援が保証されるのが望ましいことは言うまでもありません。

　本書が、幼稚園のみならず保育所や認定こども園など、就学前の子どもに関わる施設でカウンセラーの導入を検討される際に、またカウンセラーを有効に活用していただくために、お役に立てれば幸いです。

2022年8月

公認心理師・臨床心理士
丸山　直子

目　次

第2章 ≫ 乳幼児期を専門とする カウンセラー

第3章 ≫ 幼稚園のカウンセラーに できること

第4章　≫　理想的な子育て支援を考える

第5章 ≫ 幼稚園へのカウンセラー導入後の変化

第6章 ≫ 事例からみる就学前施設でのカウンセリング

本書をお読みになる前に

* 文部科学省のスクールカウンセラー事業は、公立学校を対象にしたものですが、私立学校においては「生徒指導の充実のため、スクールカウンセラー等を配置している私立高校等に助成を行っている都道府県」に対して「私立高等学校等経常費助成費補助」が行われており、私立学校法人が所在している都道府県に、助成の相談をすることができます（文部科学省ホームページ「教育相談体制の充実について」）。

* 本書における保育者は、幼稚園教諭、保育所保育士を指しています。

* 本書では幼稚園におけるカウンセラーの活動を中心に執筆しています。就学前施設のカウンセリング活動は、どの施設においても大きな差はありませんが、保育所、認定こども園などにおいて特筆すべき点がある場合は、該当の章に節を設けています。

* 本書で扱う「心理専門職」や「カウンセラー」は、その専門性を明確にするため「大学院で臨床心理学を修め、カウンセリングのトレーニングを受けた公認心理師、及び臨床心理士」と定義しています。

* 本書では、条文に合わせて「発達障害」を用いていますが、「神経発達障害」「神経発達症」も同義です。

幼稚園における
スクールカウンセラーの
活用とは

はじめに

　2021年8月、学校教育法施行規則が一部改正され、それまで小学校、中学校、高等学校で対象だった「スクールカウンセラー」の規定が、幼稚園にも準用されました。これをもって幼稚園でも、スクールカウンセラーを置くことが可能になり、幼稚園に通う子どもや保護者、そして保育者（幼稚園教員、保育所保育士）が、心の専門家のサポートを受けることが可能となりました。

　これを聞いて、

> 「幼稚園児にカウンセリング？」
> 「心の専門家が幼稚園に来て、何をしてくれるの？」
> 「園外の人に、何ができるの？」

などの疑問が頭に浮かんだ方も多いのではないかと思います。

　この章ではまず、文部科学省が期待する「幼稚園でのスクールカウンセラーの活用」とはどのようなものなのかを、スクールカウンセラーに求められている専門性や役割をもとに、実際に幼稚園にカウンセラーが配置されると、どのようなことができるのかを検討していきます。

I スクールカウンセラーについて

　日本に、スクールカウンセラーと呼ばれる「学校にいる心の専門家」が初めて配置されたのは1995年のことでした。文部省（現在の文部科学省）が、深刻化するいじめや不登校の増加などの問題を解決するために、同年、3億7,000万円の国家予算を新規に要求し「スクールカウンセラー活用調査研究委託事業」を開始したのが始まりです。それまでにも、独自の取組みでカウンセラーを置いている私立学校や大学はありましたが、公立学校にカウンセラーは存在していませんでした。

　1年目は各都道府県の公立校154校（小学校29校、中学校93校、高等学校32校）の協力校に配置されました。当初、学校側にとっては「学校内に、外部から専門家が入ってくる」という不安と緊張の中で始まった事業でしたが、スクールカウンセラーが教職員とは異なる専門性をもつ「外部スタッフ」として派遣されてきたことで、児童生徒、保護者、教職員、誰にとっても相談しやすい存在となりました。児童生徒にとっては「評価者として日常接する教職員」とは違う立場のカウンセラーに、先生や親には知られたくない悩みや不安を安心して相談できる存在に、また教職員にとっては、保護者と教職員の間の架け橋的な仲介者の役割となったことなどが高く評価されました。

　翌年度には約4倍の予算が計上されましたが、現場からのス

クールカウンセラーの派遣要請は年々増え続け、1999年度には配置校数は2,015校（小学校602校、中学校1,096校、高等学校317校）と約13倍に拡大しました。

この5年間にわたって行われた調査研究で効果が認められたとして、2001年度からは「スクールカウンセラー等活用事業補助」が本格的に開始され、現在に至っています。2022年度の概算要求は61億円を超え、2万7,500校への配置を予定する事業となっています（いずれも計画値、文部科学省初等中等教育局「令和4年度 概算要求主要事項」）。

スクールカウンセラーの意義と成果について、文部科学省は次のように評価しています。

1　学校外のいわば「外部性」を持った専門家として、児童生徒と教員とは別の枠組み、人間関係で相談することができるため、スクールカウンセラーならば心を許して相談できるといった雰囲気を作り出している。

2　教職員等も含めて、専門的視点からの相談ができる。

3　相談場所が学校であるため、児童生徒、教職員、保護者が外部の専門機関に自費で相談に行かなくても、比較的容易に相談できる。

4　学校全体の連絡会等に参加することによって、学校の一体的な教育相談体制を向上させ、生徒理解の促進に寄与する。

（出典）文部科学省「児童生徒の教育相談の充実について―生き生きとした子どもを育てる相談体制づくり―（報告）「2　スクールカウンセラーについて」」（2007年）

学校に、教員とは異なる専門性の心の専門家が入ったことで、これまでの学校の教育相談体制にはなかった、新たな支援のかたちがつくられ、今やスクールカウンセラーは「チーム学校」の一員として欠かせない存在となりました。

1 スクールカウンセラーの専門性

　すっかり全国に定着したスクールカウンセラーですが、「スクールカウンセラー」という資格が存在しないということは、あまり知られていないかもしれません。学校の中で、児童生徒や保護者、教職員の心のケアをしながら、様々な問題の解決に当たっているスクールカウンセラーとは、一体どのような人なのでしょうか。

　文部科学省は、スクールカウンセラーを「臨床心理に関して、高度に専門的な知識及び経験を有し、児童生徒のカウンセリングに当たる専門家であり、児童生徒の心、内面に焦点を当てて問題解決にあたる」者と定めており、具体的には、次のような選考基準が設けられています。

3　スクールカウンセラー等の選考

(1)　スクールカウンセラーの選考
　次の各号のいずれかに該当する者から、実績も踏まえ、都道府県又は指定都市が選考し、スクールカウンセラーとして認めた者とする。

① 公認心理師
② 公益財団法人日本臨床心理士資格認定協会の認定に係る

臨床心理士

③　精神科医

④　児童生徒の心理に関して高度に専門的な知識及び経験を
　　有し、学校教育法第1条に規定する大学の学長、副学長、
　　学部長、教授、准教授、講師（常時勤務をする者に限る）
　　又は助教の職にある者又はあった者

⑤　都道府県又は指定都市が上記の各者と同等以上の知識及
　　び経験を有すると認めた者

（出典）文部科学省「スクールカウンセラー等活用事業実施要領」

　少し話が逸れますが、ここで①の「公認心理師」について補足
しておきます。「公認心理師」は2017年9月15日に公認心理師法
が施行されたばかりの、まだ誕生して間もない日本初である心理
職の国家資格です。2018年に第1回公認心理師試験が行われて以
来、現在までに約5万4,000人の公認心理師が誕生しています
（2022年3月末日時点の登録者数。一般財団法人日本心理研修セ
ンター公表値より）。

　公認心理師の業務の目的は「国民の心の健康の保持増進に寄与
すること」で、公認心理師法では、次のように定められています。

　「保健医療、福祉、教育その他の分野において、心理学に
関する専門的知識及び技術をもって、

①　心理に関する支援を要する者の心理状態を観察し、その
　　結果を分析すること。

②　心理に関する支援を要する者に対し、その心理に関する
　相談に応じ、助言、指導その他の援助を行うこと。
③　心理に関する支援を要する者の関係者に対し、その相談
　に応じ、助言、指導その他の援助を行うこと。
④　心の健康に関する知識の普及を図るための教育及び情報
　の提供を行うこと。

　また、その活動領域は、医療・保健、教育、福祉、産業・労働、
司法・犯罪と幅広く、他の関係者とも連携しながら、複雑かつ多
様化する国民の心の健康問題に対して、心理に関する支援をする
存在とされています。

● 図表1-1　諸領域にまたがる汎用資格　公認心理師

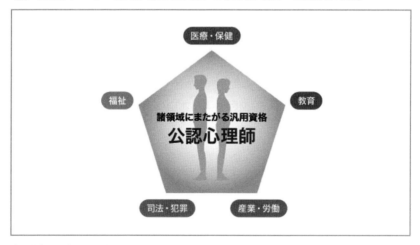

（出典）一般財団法人日本心理研修センターホームページ

　公認心理師資格ができるまで、心理職の資格と言えば、5ペー
ジ「3　スクールカウンセラー等の選考」(1)②の「臨床心理士」

でした。臨床心理士は、1988年に誕生した、公益財団法人日本臨床心理士資格認定協会の認定資格です。国家資格ではありませんが、スクールカウンセラーの任用条件として採用されている、公的にも認められている資格です。公認心理師の第1回試験には多くの臨床心理士も受験しており、今後は公認心理師、または臨床心理士と公認心理師のダブルライセンスのスクールカウンセラーが増えていくと思われます（「コラム01 ▶ 公認心理師」参照）。

● 図表1－2　公認心理師と臨床心理士の違い

	公認心理師	臨床心理士
有資格者数	5万4,248名* （2022年3月末時点）	3万8,397名 （2021年4月1日時点）
資格の更新	不要	必要（5年ごと）
主な業務	心理面接 （カウンセリング）	臨床心理学的面接 （カウンセリング）
主な受験資格	大学＋公認心理師カリキュラム対応大学院の修了	大学＋臨床心理士指定大学院の修了
試験内容	筆記試験（選択式）	一次：筆記試験（選択式＋論述） 二次：面接試験

＊登録者数。一般財団法人日本心理研修センター公表資料より

　さて、公認心理師という新たな国家資格が創設されたものの、地方などでは、スクールカウンセラーが不足しているのが現状です。そういった地域をカバーするために、文部科学省は、心理臨床業務、または児童生徒を対象とした相談業務について一定の経験を有する者を「スクールカウンセラーに準ずる者」として任用できるとしています。

⑵　スクールカウンセラーに準ずる者の選考

　次の各号のいずれかに該当する者から、実績も踏まえ、都道府県又は指定都市が選考し、スクールカウンセラーに準ずる者として認めた者とする。

①　大学院修士課程を修了した者で、心理業務又は児童生徒を対象とした相談業務について、1年以上の経験を有する者

②　大学若しくは短期大学を卒業した者で、心理業務又は児童生徒を対象とした相談業務について、5年以上の経験を有する者

③　医師で、心理業務又は児童生徒を対象とした相談業務について、1年以上の経験を有する者

④　都道府県又は指定都市が上記の各者と同等以上の知識及び経験を有すると認めた者

　ただし、前各号に掲げる者の任用は、地域や学校の実情を踏まえ、3⑴（5ページ参照）に掲げる者の任用よりも合理的であると認められる場合に行うことができるものとする。

（出典）文部科学省「スクールカウンセラー等活用事業実施要領」

　「スクールカウンセラーに準ずる者」には、具体的には特定非営利活動法人日本教育カウンセラー協会認定「教育カウンセラー」、一般社団法人学校心理士認定運営機構認定「学校心理士」、公益社団法人日本心理学会認定「日本心理学会 認定心理士」、一般社団法人日本産業カウンセラー協会認定「産業カウンセラー」などが採用されています。

図表1－3　人口10万人当たりの公認心理師数

順位	都道府県	公認心理師登録者数*	人口**（単位：万人）	人口10万人当たりの公認心理師数	順位	都道府県	公認心理師登録者数*	人口**（単位：万人）	人口10万人当たりの公認心理師数
①	京都府	1,825	258	70.7	25	熊本県	640	175	36.6
②	東京都	9,470	1,392	68.0	26	鹿児島県	582	160	36.4
3	奈良県	749	133	56.3	27	石川県	414	114	36.3
④	兵庫県	2,839	547	51.9	28	山梨県	293	81	36.2
5	徳島県	364	73	49.9	29	長崎県	478	133	35.9
⑥	大阪府	4,095	881	46.5	30	大分県	400	114	35.1
⑦	滋賀県	653	141	46.3	31	岐阜県	689	199	34.6
8	神奈川県	4,257	920	46.3	32	北海道	1,781	525	33.9
9	沖縄県	655	145	45.2	33	栃木県	635	193	32.9
10	福井県	345	77	44.8	34	静岡県	1,182	364	32.5
11	岡山県	837	189	44.3	35	茨城県	928	286	32.4
12	福岡県	2,242	510	44.0	36	群馬県	613	194	31.6
13	鳥取県	242	56	43.2	37	愛媛県	423	134	31.6
14	広島県	1,198	280	42.8	38	福島県	558	185	30.2
15	島根県	282	67	42.1	39	長野県	612	205	29.9
16	和歌山県	389	93	41.8	40	富山県	304	104	29.2
17	高知県	288	70	41.1	41	三重県	513	178	28.8
18	愛知県	3,025	755	40.1	42	宮崎県	306	107	28.6
19	千葉県	2,491	626	39.8	43	岩手県	343	123	27.9
20	香川県	382	96	39.8	44	新潟県	608	222	27.4
21	宮城県	915	231	39.6	45	山形県	272	108	25.2
22	佐賀県	318	82	38.8	46	青森県	299	125	23.9
㉓	埼玉県	2,809	735	38.2	47	秋田県	187	97	19.3
24	山口県	518	136	38.1		合計	54,248	12,619	－

平均値38.6±9.9

＊一般財団法人日本心理研修センター発表登録者数（2022年3月末日現在）
＊＊総務省統計局「統計でみる都道府県のすがた2022」より。人口数は四捨五入しているため、合計が12,619（万人）となっている。

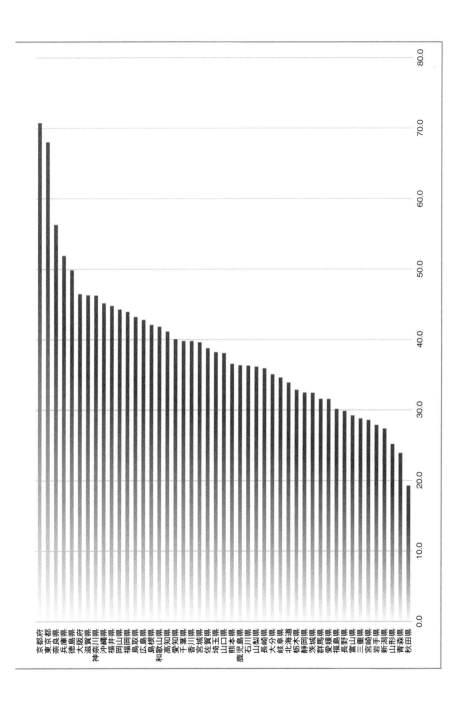

心理専門職が不足している自治体では、都市部と郊外でも差があり、「スクールカウンセラーに準ずる者」を採用したり、他都道府県の心理専門職に応援を求めるなどして対応しています。

　なお、地方の心理職不足は、スクールカウンセラーに限らず深刻です。前ページの図表1-3のグラフは、人口10万人当たりの公認心理師の数です。最も多い京都で70.7人、最も少ない秋田県は19.3人と、その差は約3.6倍であることがわかります。

　参考までに、表の番号が、丸で囲ってある都道府県は、スクールカウンセラーに占める臨床心理士の割合が100％の自治体、番号が黒地白抜きの都道府県は、「スクールカウンセラーに準ずる者」の割合が多い自治体です。公認心理師のこれらのデータはまだ出ていませんが、人口10万人当たりの公認心理師の割合の上位と下位に、反映されているように見受けられます。

　住んでいる地域に関係なく、すべての児童生徒が平等に、心のサポートを受けられる機会が保証される体制づくりが望まれます。

② スクールカウンセラーの役割

　スクールカウンセラーという名称から、児童生徒へのカウンセリングがメインの仕事だと思われがちですが、その役割は、多岐にわたっています。

---

① 児童生徒に関する相談・助言

② 保護者や教職員に対する相談（カウンセリング、コンサルテーション）

③ 校内会議等への参加

---

④　教職員や児童生徒への研修や講話

⑤　相談者への心理的な見立てや対応

⑥　ストレスチェックやストレスマネジメント等の予防的対応

⑦　事件・事故等の緊急対応における被害児童生徒の心のケア

（出典）文部科学省「児童生徒の教育相談の充実について―生き生き
　　とした子どもを育てる相談体制づくり―（報告）「2　スクールカウ
　　ンセラーについて」」（2007年）

　ただし、次の「3　勤務形態など」でも述べますが、スクール
カウンセラーの勤務日数や勤務時間数は自治体により異なります
ので、すべてのスクールカウンセラーが上記の役割を果たせる環
境にはありません。学校によってスクールカウンセラーに求めら
れるニーズも違いますので、実際には、臨機応変な対応が求めら
れます。①〜⑦以外にも、外部との連携（教育センター、児童相
談所、病院、青少年センターなどへの紹介）といったソーシャル
ワーク的な働きや、研修や講演会の講師といった役割を求められ
ることもあります。

3　勤務形態など

　スクールカウンセラーの勤務形態は、2020年の地方公務員法
の一部改正前までは、特別非常勤職員でしたが、現在は、会計年
度任用職員（専門職）となっています。

　勤務日数と時間数は「原則として、年間35週、週当たりの配
置時間は8時間以上12時間以内（特に必要な場合は30時間まで
の勤務も可）」とされています。

　中には、名古屋市のように、中学校110校に週5日、一日7時

図表1－4　スクールカウンセラーの勤務時間が「週4時間未満」の中学校がある自治体

週1日 2時間	秋田県のスクールカウンセラー配置校80校のうちの45校が該当 富山県のスクールカウンセラー配置校79校のうちの5校が該当
週1日 3時間	青森県、石川県、長野県、鹿児島県、長崎県＊、沖縄県＊＊

＊長崎県は「35週・1週3〜6時間」　＊＊沖縄県は「週1日3〜4時間」と記載

注1　「学校保健統計調査」（令和2年度）の「都道府県表─相談員・スクールカウンセラーの配置状況」より「定期配置週4時間未満」または「不定期配置」に数値がある中学校の都道府県を抜粋し、文部科学省「令和元年度スクールカウンセラー実践活動事例集」にある「配置形態」「中学校」で確認。配置方式の記載がある自治体は「単独校」の時間数。
注2　新潟県は時間数の表記がなく、島根県は年間の合計時間で表記されていたため除外している。
注3　「35週」の記載は「週1日」に読み替えている。

間45分勤務のスクールカウンセラーを常勤で配置している自治体もありますが、図表1－4のように、週1日2時間や3時間の活動時間を設定している自治体もあります。

　平均時給単価については、5,250円（スクールカウンセラーに準ずる者は3,088円）となっていますが、最高7,260円、最低3,770円（スクールカウンセラーに準ずる者は最高3,500円、最低1,400円）と幅があるなど、ここでも自治体の経済事情によって差があるのが現状です（文部科学省「教育相談等に関する調査研究協力者会議（第1回）配付資料　資料6「スクールカウンセラー」について」）。

　このような地域差は、スクールカウンセラー等活用事業補助の主体が都道府県であること、また国からの補助割合が1/3、残りの2/3が都道府県・政令指定都市であることが関係しています。

このスクールカウンセラーにおける勤務日数や配置時間の地域格差は、そのまま幼稚園のカウンセラーにも当てはまることになるでしょう。

Column 01

▶ 公認心理師

　日本で初めての心理職の国家資格である公認心理師、現在5万4,248名の公認心理師が誕生しています（2022年3月末日時点の登録者数）。

　2018年の第1回試験から5年間、2022年度の受験までは「経過措置期間」といって、大学や大学院で心理学やカウンセリングのトレーニングを受けていなくても「週1回以上」、公認心理師法第2条第1号〜第3号に従事していれば受験することができる期間が設けられていました。

＜公認心理師法第2条第1号から第3号＞

1　心理に関する支援を要する者の心理状態を観察し、その結果を分析すること。
2　心理に関する支援を要する者に対し、その心理に関する相談に応じ、助言、指導その他の援助を行うこと。
3　心理に関する支援を要する者の関係者に対し、その相談に応じ、助言、指導その他の援助を行うこと。

　上の3つの業務は臨床心理士にとっては日常業務ですが、臨床

心理士以外の職業を持つ人が、日常の中で業務として行うのは、なかなか難しい内容です。一方、一般財団法人日本心理研修センターが公表している、受験者が保持している資格の内訳をみると、この経過措置期間の間に、実に様々な職種の資格保持者が受験されていることがわかります（図表1－5）。

　公認心理師試験では、保持資格別の合格者数は発表されていませんが、厚生労働省が2020年に行った調査によると、公認心理師が他に取得している資格等では、臨床心理士が約71％と最も多く、約79％が臨床心理士、学校心理士、臨床発達心理士、特別支援教育士（いわゆる心理専門職の4資格と呼ばれている資格）

● 図表1－5　公認心理師受験者が保持している資格

設問：現在あなたが保有されている資格についてお伺いします（複数回答）

	第1回	割合	第2回	割合	第3回	割合	第4回	割合
【1】臨床心理士	24,804	68.75%	3,900	26.61%	1,932	14.17%	1,363	7.14%
【2】臨床発達心理士	1,700	4.71%	765	5.22%	568	4.16%	498	2.61%
【3】学校心理士	1,313	3.64%	746	5.09%	641	4.70%	655	3.43%
【4】教員（幼稚園〜高等学校）	8,957	24.83%	4,480	30.57%	4,399	32.25%	6,234	32.66%
【5】教員（大学・大学院）※職種として	2,254	6.25%	725	4.95%	601	4.41%	621	3.25%
【6】特別支援教育士	1,213	3.36%	694	4.73%	603	4.42%	688	3.60%
【7】医師	246	0.68%	108	0.74%	128	0.94%	183	0.96%
【8】看護師	857	2.38%	902	6.15%	1,303	9.55%	2,462	12.90%
【9】保健師	309	0.86%	371	2.53%	521	3.82%	873	4.57%
【10】精神保健福祉士	2,768	7.67%	1,817	12.40%	1,833	13.44%	2,743	14.37%
【11】社会福祉士	1,682	4.66%	1,667	11.37%	1,910	14.00%	3,235	16.95%
【12】介護福祉士	371	1.03%	598	4.08%	873	6.40%	1,652	8.65%
【13】作業療法士	114	0.32%	110	0.75%	168	1.23%	385	2.02%
【14】保育士	1,597	4.43%	1,016	6.93%	1,055	7.74%	1,608	8.42%
【15】その他	4,732	13.12%	2,955	20.16%	2,766	20.28%	3,724	19.51%
【16】特になし	2,434	6.75%	1,923	13.12%	1,736	12.73%	2,152	11.27%
マークなし	122	0.34%	186	1.27%	216	1.58%	282	1.48%
合　　計	55,473	153.75%	22,963	156.67%	21,253	155.83%	29,358	155.83%

一般財団法人日本心理研修センターホームページ公表データより作表

を保有していることがわかっています。心理系以外の資格では、精神保健福祉士が約9％、社会福祉士が約6％、教諭免許（幼稚園〜高等学校）が約29％、特別支援学校教諭免許が約7％、産業・労働系は産業カウンセラーが約7％となっています（いずれも複数回答あり。「厚生労働省　令和2年度障害者総合福祉推進事業　公認心理師の活動状況等に関する調査」より）。

　経過措置期間が終わる2023年以降は、公認心理師法第7条による公認心理師が誕生していくことになりますが、初期の公認心理師資格取得者は、このような、様々な専門性やバックグラウンドを持ちながら活躍していることは、知っておいて損はないでしょう。

<参考：公認心理師法第7条>

1　学校教育法（昭和22年法律第26号）に基づく大学（短期大学を除く。以下同じ。）において心理学その他の公認心理師となるために必要な科目として文部科学省令・厚生労働省令で定めるものを修めて卒業し、かつ、同法に基づく大学院において心理学その他の公認心理師となるために必要な科目として文部科学省令・厚生労働省令で定めるものを修めてその課程を修了した者その他その者に準ずるものとして文部科学省令・厚生労働省令で定める者

2　学校教育法に基づく大学において心理学その他の公認心理師となるために必要な科目として文部科学省令・厚生労働省令で定めるものを修めて卒業した者その他その者に準ずるものとして文部科学省令・厚生労働省令で定める者で

あって、文部科学省令・厚生労働省令で定める施設におい
て文部科学省令・厚生労働省令で定める期間以上第2条第
1号から第3号までに掲げる行為の業務に従事したもの
3　文部科学大臣及び厚生労働大臣が前二号に掲げる者と同
等以上の知識及び技能を有すると認定した者

乳幼児期の
よりよい発達は

未来の幸福と
つながっています。

Ⅱ 幼稚園のカウンセラーとは

　文部科学省によって2001年に事業化され、中学校を中心に拡大していったスクールカウンセラーですが、教育現場では早くから「予防的観点から小学校、保育所などにもスクールカウンセラーを配置してほしい」「幼児期にもカウンセラーが必要」という声が挙がっていました。その背景には、小学校での「学級崩壊※1」の低学年化の問題や、幼稚園や保育所に障害児やかかわりが難しい子どもが増え、幼稚園教諭、保育士だけでは対応が困難になっているという状況があります。小学校については、2017年の改正省令によりスクールカウンセラーの配置が可能となりましたが、乳幼児期の心理支援について、文部科学省はどのような取組みをしてきたのでしょうか。時系列に振り返りながら、幼稚園のカウンセラーに期待される役割や意義を確認していきたいと思います。

　幼児教育・保育の場での「カウンセリングを行う専門職種の配置」についての検討は、2004年に中央教育審議会（以下、「中教審」という）初等中等教育分科会幼児教育部会が「保育カウンセラー※2」の導入を提案したのが始まりでした。スクールカウンセラーの資格要件に準じた心の専門家が、定期的に園を訪れて子どもを観察し、臨床心理学の側面から見た子どもの姿を伝えることで、保育者の指導を支援したり、保護者からの育児相談や発達相談などに応じる「保育カウンセラー」を活用できるように自治体が対応す

る、というものでした。

　当時の中教審の議事録には「発達障害など特別な支援が必要な幼児への対応の課題や家庭における子育て機能の低下等の問題がある中で、保護者に対する子育て相談やカウンセリングの実施が重要になっており、そのためには教員自身の専門性の向上や専門家の助力が必要である」と書かれています。

※1　文部科学省は、学級崩壊を "いわゆる学級崩壊とは、子どもたちが教室内で勝手な行動をして教師の指導に従わず、授業が成立しない、集団教育という学校の機能が成立しない学級の状態が一定期間継続し、学級担任の通常の方法では問題解決ができない状態にいたっている場合" と説明しています。

※2　保育カウンセラーという名称は、2005年に公益社団法人全国私立保育連盟によって商標登録されており、現在は、同連盟の保育士向けの認定資格の名称となっています。文部科学省が2004年に提案した「保育カウンセラー」とは趣旨が違うため、本書では「　」を付けることで区別しています（「コラム03▶保育カウンセラー」参照）。

　2005年には、「幼児教育支援センター事業」が実施されました。施策の概要は、子育てに不安を抱える保護者等へのカウンセリング等を行う「保育カウンセラー」等からなるサポートチームを市町村教育委員会に設け、幼稚園等施設や家庭、地域社会における教育力を支えるための体制を整備するというもので、いくつかの地域に「保育カウンセラー」等の専門家からなるサポートチームが組織され、支援体制の整備が行われました。

　2008年、幼稚園教育要領解説に初めて「カウンセラー」とい

う言葉が登場しました。同解説には、家庭や地域の子育て支援の
ための具体例として「カウンセラーなどによる子育て相談の実施」
が挙げられています。また、2018年の同解説には、幼稚園の子
育て支援活動の実施に当たっての「カウンセラー等との連携及び
協力」、保護者支援においては幼稚園のみで抱え込むのではなく、
カウンセラーや保健師等の専門家や市町村の関係機関と「連携し
て適切な支援を行う」などの例が挙げられています。

　こういった方針の影響か、文部科学省初等中等教育局幼児教育
課がほぼ2年に一度実施している幼児教育実態調査では、2012年
度以降の「幼児及びその保護者を対象とした活動」の中の「カウ
ンセラー等の外部人材による子育て相談」の実施率は、2012年
から公立、私立幼稚園ともに顕著とは言えませんが増加傾向にあ
りました（次ページの図表1－6）。
　しかし、図表1－6のグラフの母数は「子育ての支援活動実施園」
に限定されており、活動数が最も多い2016年でも2,728園です（幼
稚園合計）。2016年には、カウンセラー等外部人材を活用した子
育て支援活動は50％を超えていますが、同年の全調査回答園数
は13,178園（休園中・未回答などを除く）となっていることから、
そもそも「子育ての支援活動実施園」自体が調査回答園数の
20％程度に過ぎないことがわかります。スクールカウンセラーに
比べると、まだまだ幼稚園では「カウンセラー」の活用がされて
おらず、また広がりもしにくいようです。

　なお、図表1－6では、最新の調査結果である2019年の数値が
大きく減少していますが、この年の調査では、本活動だけでなく、
それ以外のすべての活動項目の実施率も2016年より低下[※]してい

ます。これは、2015年に単一の施設として認可を受けられるようになった「幼保連携型認定こども園」に移行した幼稚園が増え、その中に「子育ての支援活動実施園」が多く含まれていたことで（次ページの図表1－7参考）、母数自体が減少していることが原因ではないかと推測されます（2022年5月時点）。

● 図表1－6　幼稚園における子育て支援（カウンセラー等外部人材）実施率の推移

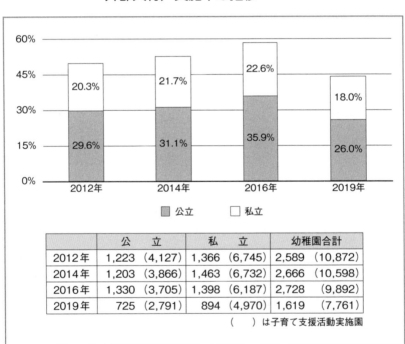

	公　立	私　立	幼稚園合計
2012年	1,223　（4,127）	1,366　（6,745）	2,589　（10,872）
2014年	1,203　（3,866）	1,463　（6,732）	2,666　（10,598）
2016年	1,330　（3,705）	1,398　（6,187）	2,728　（9,892）
2019年	725　（2,791）	894　（4,970）	1,619　（7,761）

（　　）は子育て支援活動実施園

文部科学省初等中等教育局幼児教育課「幼児教育実態調査」（平成24年度、平成26年度、平成28年度、令和元年度）の「全ての幼児及びその保護者を対象とした活動」（※年度によりタイトルが多少異なる）より作成（母数は子育ての支援活動実施園）

図表1−7　子育ての支援活動園数と幼保連携型認定こども園数の推移

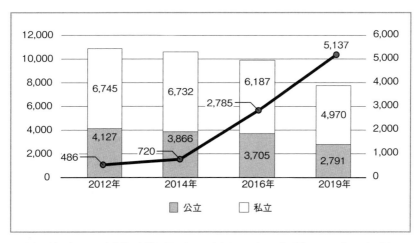

折れ線グラフ（幼保連携型認定こども園の数の推移）は、内閣府「都道府県別の認定こども園の数の推移（平成19年～令和3年）より作成

※　「子育て相談（教職員）」「子育て井戸端会議」「未就学児の保育」「園庭・園舎の開放」「子育てサークル等支援」「子育て情報の提供（インターネット）」など、全13の調査活動項目の合計数（公立＋私立）を平成28年度版と比較。

　そして、2021年8月23日、幼稚園においてもスクールカウンセラーの規定を準用するよう学校教育法施行規則の一部が改正されました。

1　改正の概要
(5)　スクールカウンセラー及びスクールソーシャルワーカーに関する規定の幼稚園への準用について
スクールカウンセラー及びスクールソーシャルワーカー

に関する規定を幼稚園に準用させること（施行規則第39条、第65条の3及び第65条の4関係）。

2　留意事項

　(5)　幼稚園におけるスクールカウンセラー及びスクールソーシャルワーカーの活用について

　　1　幼稚園におけるスクールカウンセラー及びスクールソーシャルワーカーの活用に当たっては、小学校、中学校、高等学校及び特別支援学校等における留意事項等を示した「学校教育法施行規則の一部を改正する省令の施行等について（通知）」（平成29年3月31日付け28文科初第1747号文部科学省初等中等教育局長通知）を踏まえつつ、多様な背景を持つ家庭や幼児の発達の課題に対応する観点に留意すること。

　　2　幼稚園においてスクールカウンセラー及びスクールソーシャルワーカーを活用する際には、地域の小中学校に配置されているスクールカウンセラー及びスクールソーシャルワーカーや、幼児教育アドバイザー等を含む自治体における幼児教育推進体制等との連携に留意すること。

（出典）「学校教育法施行規則の一部を改正する省令の施行について（通知）」

　報道では、子どもが小学校に進学してから問題行動を起こす「小1プロブレム」に対応するためともされており、小学校に上がってからの問題行動を予防する効果が期待されているようです。

1 幼稚園のカウンセラーに求められる専門性

　今回の改正の「幼稚園へのスクールカウンセラーの規定の準用」という言葉からは、すでに学校で活動しているスクールカウンセラーが幼稚園にも勤務する、というようにも受け取れます。しかし、学校と幼稚園では、相談対象の年齢期や活動内容が異なりますので、カウンセラーに求められる専門性も違ってきます。

　次ページの図表1-8は、前出の「保育カウンセラー」が提案されたときの中教審初等中等教育分科会の資料からの引用です。「保育カウンセラー」の囲みの下部には「基本は、スクールカウンセラーの資格要件に準じたものとして、さらに、乳幼児教育、親子関係の専門的な知識、理解があることが望ましい」と書かれています。

　また、次の資料において、「保育カウンセラー」の専門性として、下記の4つが提案されています。

① カウンセリングやソーシャルワークの技術的な面
② 乳幼児の発達のつまずきとその援助の知識
　　乳幼児期において様々な発達のトラブル、つまずき、障害等があり得るので、その多様性を理解し、そのおのおのについて何をしたらいいかという援助の知識を持っていること
③ 乳幼児教育・保育実践についての理解
　　それを現実の幼児教育場面に生かすために、乳幼児の教育や保育の実践をよくわかっていること
④ 家族関係とその援助についての理解

図表1－8 「保育カウンセラー」の専門性

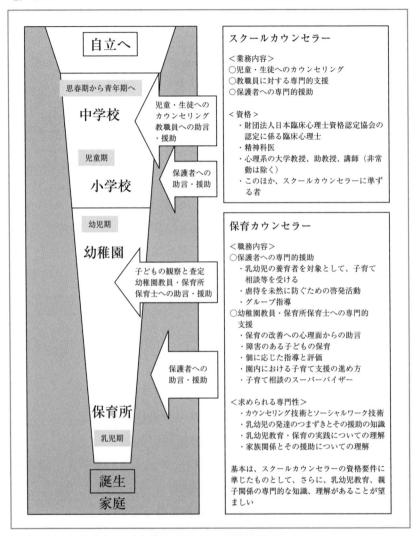

（出典）中央教育審議会初等中等教育分科会資料

注 2004年の資料のため、スクールカウンセラーの＜資格＞の欄に
公認心理師は含まれていない点に留意が必要。

親への援助、また家庭背景が幼稚園でのお子さんの行動と深くつながるので、背景としての家族関係の理解、また家族援助というものの在り方の理解というようなことが少なくとも必要ではないか

　基本はスクールカウンセラーの資格要件に準じますが、幼稚園や保育所で乳幼児期の子どもの支援に携わるカウンセラーには、下記の要件が求められていることがわかります。

- 乳幼児教育、親子関係の専門的な知識と理解
- ソーシャルワークの技術
- 乳幼児期の発達に関する知識
- 乳幼児期における教育・保育の実践についての理解
- 家族関係やその援助についての知識や経験

2　幼稚園のカウンセラーに求められる役割

　スクールカウンセラーと幼稚園のカウンセラーでは、求められる専門性が違いますが、その役割にもいくつかの違いがあります。中教審の提案における「保育カウンセラー」においては、「保護者への専門的援助」と、「幼稚園教員・保育所保育士への専門的支援」の2点の役割が挙げられています。

＜保護者への専門的援助＞

①　乳幼児の養育者を対象として、子育て相談等を受ける

---

② 虐待を未然に防ぐための啓発活動

③ グループ指導

＜幼稚園教員・保育所保育士への専門的支援＞

① 保育の改善への心理面からの助言

② 障害のある子どもの保育

③ 個に応じた指導と評価

④ 園内における子育て支援の進め方

⑤ 子育て相談のスーパーバイザー

　スクールカウンセラーの役割と比較したときの大きな違いは、その対象です。スクールカウンセラーでは、1番目に「児童生徒に関する相談・助言」、2番目に「保護者や教職員に対する相談（カウンセリング、コンサルテーション）」が挙げられていましたが（12ページ参照）、「保育カウンセラー」の対象は「保護者」や「保育者（幼稚園教員・保育所保育士）」であり、「園児」とは書かれていません。

　幼稚園に通う年齢や、小学校低学年ごろまでにも当てはまることですが、この年齢の子どもたちは、まだ自分の悩みや困り感を言葉で伝えることができません。児童生徒のように、誰かに相談して自分で解決する、という手段も知りませんし、そもそも、自らの困り感に気付いていないと言ってもよいくらいです。そのため「保育カウンセラー」は、家庭生活、集団生活を通して、彼らの困り感に気付いた保護者や保育者など、周りの大人から相談を受けることになります。

カウンセラーが子どもに対してできる支援も、スクールカウンセラーの場合は直接、児童・生徒と対話をしながら助言などをすることができますが、幼稚園のカウンセラーは、相談に来てくれた大人を通して行う「間接的な支援」になります。カウンセラーは、観察中に子どもと一緒に遊んだり、お話しするなど、関わることはあります。しかし、カウンセリング、治療的なかかわりというよりは、遊びながら発達段階を見立てたり、どのようなかかわり方が有効かを探り、保育者や保護者にフィードバックするため、という要素の方が大きいものです。

3　勤務形態など

　幼稚園のカウンセラーの勤務形態は、勤務日数や時間数、平均時給単価については、各自治体のスクールカウンセラーの運用状況に準ずることになります。

＜スクールカウンセラーの勤務形態＞

• 「原則として、年間35週、週当たりの配置時間は8時間以上12時間以内（特に必要な場合は30時間までの勤務も可）」
• 平均時給単価は、5,250円（スクールカウンセラーに準ずる者は3,088円）。

　ただし、学校と幼稚園では、一日当たりの教育時間数や活動の流れが違いますので、カウンセラーの勤務時間や勤務時間帯にも工夫が必要です。これについては第3章Ⅱ「1　一日の勤務時間と時間帯」に詳しく述べています。

幼稚園におけるカウンセリング活動の特徴
～見立てと査定～

　ここまで見てきた「保育カウンセラー」の役割、職務内容、専門性を、スクールカウンセラーとの比較でまとめると、図表1−9のようになります。

　先に述べたように、スクールカウンセラーの役割、及び職務内容の項目の1番目に挙げられている「児童・生徒へのカウンセリング」に該当するものが、「保育カウンセラー」にはありません。代わりに、役割の欄には「子どもの観察と査定」が入っています。

● 図表1−9　スクールカウンセラーと「保育カウンセラー」
　　の専門性の違い

	スクールカウンセラー	「保育カウンセラー」
役割	児童・生徒へのカウンセリング 教職員への助言・援助 保護者への助言・援助	子どもの観察と査定 幼稚園教員・保育所保育士への助言・援助 保護者への助言・援助
職務内容	児童・生徒へのカウンセリング 教職員に対する専門的支援 保護者への専門的援助	保護者への専門的援助 幼稚園教員・保育所保育士への専門的支援
資格	公認心理師 臨床心理士 精神科医 心理系の大学院教授、助教授、講師（非常勤は除く）	スクールカウンセラーの資格要件に準じたものとして、さらに乳幼児教育、親子関係の専門的な知識と理解

中央教育審議会初等中等教育分科会資料より作表

1 子どもの観察（行動観察、観察）

　「保育カウンセラー」は、相談の対象となる子どもから、直接の会話を通して悩みを聴くことができない分、子どもの姿を観察してわかった情報から、その子の発達や性格の特徴を見出します。身体の使い方（粗大運動や微細運動）、他児とのかかわり方、遊び方、言葉の理解や語彙の量、視線など、子どもを観察することによって、また直接関わることによって、子どもについての様々な情報を収集します。

2 査定（アセスメント、見立て）

　ここでの査定は「臨床心理査定」のことを指し「アセスメント」や「見立て」と呼ばれることもあります※。

　査定とは、相談の対象となる人（ここでは幼稚園や保育所に通う子ども）を、客観的に評価、分析することを言います。発達支援センター、児童相談所などの専門機関では、親から聞き取った情報と発達検査や知能検査などの心理検査を用いて行われますが、幼稚園のカウンセラーは、上の「観察」や直接のかかわり、保育者や保護者から得た情報などから行います。

※　本書では、文脈に応じて「査定」「アセスメント」「見立て」を使い分けていますが、すべて同じ意味です。

Column 02

▶「悩み解決率99.8％！」の心理カウンセラーとは

　日本では、「公認心理師」は資格を持っていないと名乗ることができませんが（名称独占資格）、「カウンセラー」には、今のところ、法的な制限力はありません。その気になれば、誰もが今日からでも「カウンセラー」を名乗ることができます。少し意識して周りを見渡しただけで、美容カウンセラーに終活カウンセラー、ダイエットカウンセラーやヘルスフードカウンセラー。中には「心理カウンセラーがあなたの心の悩みを解決します。悩み解決率99.8％！」などと宣伝されている「自称心理カウンセラー」もいらっしゃるなど、その肩書きは幅広く使用されています。

　本書の中に出てくる「カウンセラー」や「心理専門職」は、その専門性を明確にするため、「大学院で臨床心理学を修め、カウンセリングのトレーニングを受けた公認心理師、及び臨床心理士」を前提としています。

第2章

乳幼児期を専門とする
カウンセラー

 **はじめに**

　多くの人にとって「未就学児、乳児や幼児を対象とする専門家は？」と聞かれて一番に思い浮かぶのは、保健所や役所で働く保健師や助産師、児童相談所にいる相談員、もしくは小児科の医師などではないかと思います。乳幼児健診で「心理師（士）相談」ができる自治体も多いため、公認心理師や臨床心理士を思い浮かべる人もいるかもしれませんが、私たち、心理専門家の間でも、かねてから「保育臨床」と呼ばれている専門の領域があります。

　この章では、幼稚園や保育所などの就学前施設で活動をするカウンセラーを紹介していきます。

I キンダーカウンセラー

　キンダーカウンセラーは、関西の一部の自治体が独自に採用している、私立幼稚園で子育て支援の活動をしている心の専門家のことです。

　第1章「Ⅱ　幼稚園のカウンセラーとは」で見てきたように、文部科学省で幼児教育・保育の場での「カウンセリングを行う専門職種の配置」についての検討が始まったのは2004年でしたが、それ以前に、自治体独自の取組みで、就学前施設にカウンセラーを導入していた地域がありました。大阪府の「キンダーカウンセリング事業」もその中の1つで、2003年から開始されていました。

　キンダーカウンセリング事業は、大阪府私立幼稚園連盟に大阪府臨床心理士会が全面協力するかたちで実現しました。カウンセラーの配置を希望する幼稚園が、大阪府私立幼稚園連盟に、カウンセラーの専門領域や、性別、年代などの希望の条件を提示すると、大阪府臨床心理士会（都道府県ごとに設置されている臨床心理士の職能団体で、現在は「〇〇県公認心理師協会」等に名称を変えている都道府県も多い）が、乳幼児の発達や心理への知識や経験がある臨床心理士の中から、園が希望する条件に合うカウンセラーを紹介するというマッチング方式をとっています。マッチングを経て決定した「キンダーカウンセラー」は、園との打ち合わせを経て、定期的に配置園を訪問し、保育者や保護者の相談活動に当たります。

この事業を通して、同じカウンセラーが、定期的に、園にカウンセリング活動をする「外部性」と「継続性」を備えた子育て支援が実現されています。「外部性」というのは、スクールカウンセラーにおいても重要な要素でしたが、カウンセラーが外部スタッフとして園に関わることで、保育者、保護者、それぞれにとって中立的な存在となり、相談がしやすいこと、また相談対象者である子どもにも、客観的な視点を保ち続けられるという利点があります。「継続性」については、保健所や役所などの公的な相談機関の多くが「一度相談して終わり」「半年後に相談員や、担当保健師が電話で状況を確認」といった状況になっている中、相談対象児を卒園までの間、保育者や保護者とともに見守り続ける存在であることを意味します。

　この大阪府の「キンダーカウンセリング事業」をモデルに、2009年には京都府私立幼稚園連盟が「キンダーカウンセラー派遣事業」を、2019年からは兵庫県私立幼稚園協会が「キンダーカウンセラー制度（正式名称は私立幼稚園等子育て支援カウンセラー事業）」を開始しています。大阪府と同様、各府県の事業には、京都府臨床心理士会、兵庫県臨床心理士会が、園とカウンセラーのマッチングや派遣に協力しています。

　スクールカウンセラーのように国庫からの一律の補助があるわけではないものの、それぞれの府県が、私学助成などをうまく活用しながら運営されているのが特徴です。例えば、下記のように、その運営は三府県三様となっています。

- 年6回以上の活動で△△万円、12回以上の活動で〇〇万円

> の補助
> - 年3回まではカウンセラーにかかった経費を全額補助、4～6回は半額補助、7回以上は園が全額を負担
> - 年12回、1回6時間以上、うち年3回の1時間以上の職員研修、ホームページへの事業掲載等を条件に、規定の補助率で金額を決定

　キンダーカウンセラーの具体的な活動内容については、本書の第3章で紹介していますが、キンダーカウンセラーの効果を感じ、積極的に活用している園の中には、カウンセラーと直接雇用契約を結ぶ「独自導入」をしているところもあります。補助金の範囲を超える人件費は、園の全額負担です。キンダーカウンセラーの報酬は、スクールカウンセラーに準じています。京都でキンダーカウンセラー派遣事業が開始される際の園長向け事業説明会で、実際にカウンセラーを導入している大阪府私立幼稚園の園長の「時給5,000円を払っても、カウンセラーを導入することはトータルな運営、経営を考えたら十分ペイします」という言葉は、今もキンダーカウンセラー事業が維持され、隣県へと広がりを見せていることからも、裏付けられていると言えるでしょう。

　キンダーカウンセラーが配置されている関西の私立幼稚園では、保育者だけでなく、保護者の間でも「今日はキンダーカウンセラーの先生が来はる日やから」「子どものことで気になることがあるんやったら、一度キンダーカウンセラーの先生に、相談してみたら？」という会話が聞かれるほど、身近な存在です。なお、本書の第3章は、筆者のキンダーカウンセラーの活動内容をもとに執筆しています。

Ⅱ 「保育カウンセラー」

　「保育カウンセラー」は、2004年当時、中教審の初等中等教育分科会幼児教育部会で導入が提案された、幼稚園で心の相談を行うカウンセラーの名称です。過去形にしているのは、現在、保育カウンセラーは、全国私立保育連盟によって商標登録されており、同連盟の認定資格となっているからです。中教審で提案された「保育カウンセラー」とは趣旨が違うため、本書では「　」を付けることで、区別しています（「コラム03 ▶ 保育カウンセラー」参照）。

　中教審で「保育カウンセラー」が提案された背景には、幼稚園や保育所に障害児やかかわりの難しい子どもが増えてきていることで、幼稚園教員、保育士だけでは対応が困難になっているという状況がありました。「保育カウンセラー」という資格が新設されるのではなく、心理学についての高度な専門知識と経験を持つ専門家を、外部スタッフとして幼稚園や保育所などの就学前施設に配置し、定期的に園を訪れて子どもを観察し、保育者の指導を支援したり、保護者からの育児相談や発達相談に専門的な知見から応じることが求められており、その役割は、スクールカウンセラーとの共通点が多いものでした。

　この提案があった年に、文部科学省では「新しい幼児教育の在り方に関する調査研究」が開始され、東京都日野市は、文部科学

省の支援により「保育カウンセラー事業」を開始しました。初年度は、試行的に「保育カウンセラー」が配置されましたが、翌年度からは、全公立幼稚園と、一部の私立幼稚園に、月2回、一回7時間、また公立保育所には、保育者への巡回相談というかたちで派遣されるなど、発展していきました。当時、就学前施設で特別な支援を必要とする子どもが増えている中、保育者と保護者の子どもの見方が違っていたり、保護者との関係づくりの困難さや、対応の難しさなどの問題を抱えていましたが、「保育カウンセラー」の導入で、専門的な見方や対応にふれることにより、保育者は日々の保育の見直すことに繋がっていったこと、また、特別支援を必要とする子どもの早期発見、早期対応や、保護者の子育ての意識を前向きに受け止められるようになるなど、「保育者の資質向上に効果があった」との報告がなされています。現在も、日野市では、幼稚園（公立、私立）13園中12園に、臨床心理士が派遣されています（2021年12月時点）。

　また同年には「幼児教育支援センター事業」も開始されています。いくつかの地域に「保育カウンセラー」等の専門家からなるサポートチームが組織され、支援体制の整備が行われました。施策の概要は、子育てに不安を抱える保護者等へのカウンセリング等を行う「保育カウンセラー」等からなるサポートチームを、市町村教育委員会に設け、幼稚園等施設や家庭、地域社会における教育力を支えるための体制を整備するものというもので、千葉県千葉市、東京都日野市、愛知県半田市、三重県鈴鹿市、広島県広島市、大分県大分市、宮崎県延岡市などがその対象となりました。

　北九州市でも2010年度から臨床心理士による「保育カウンセ

ラー事業」が開始されています。こちらは、虐待等が疑われる子どもやその保護者に対応する保育所を訪問し、保育所への助言・指導等を行うというものです。現在も、「児童虐待の早期対応や発達の気になる子どもへの対応等のため、「（臨床心理士による）保育カウンセラー」と保育士等による保育アドバイザーが、保育所等を訪問し、児童に関する相談を受けるとともに、児童のケアや保護者対応を指導、助言しながら、保育所を支援している。また、緊急事件等発生時等は、児童、保護者、保育士等のカウンセリングを行い、対象者の心のケアに努める」と位置付けられ、予算化されています。

　一部の自治体では、現在も「保育カウンセラー」という名称が使用されていますが、臨床心理士資格を持っていることが条件であるとのことです（2022年5月現在）。このような「保育カウンセラー」による相談、支援活動が継続されているのは、現場からのニーズに応えるカウンセリング活動が行われているからだと言えるでしょう。

Ⅲ 巡回支援専門員（保育巡回相談員）

　巡回支援専門員は、2011年に、厚生労働省における発達障害者支援施策の1つとして開始された巡回支援専門員整備事業に従事する相談員のことで、保育巡回相談員、巡回相談員とも呼ばれています。発達障害等に関する知識を有する専門家として、「保育所等の子どもやその親が集まる施設・場への巡回支援を実施し、施設等の支援を担当する職員や親に対し、障害の早期発見・早期対応のための助言等の支援」を行っています。

　巡回専門支援員は、次のとおりとされており、発達障害に関する知識・経験、という共通点はあるものの、実に様々な領域の専門性を持つ人が携わっていることがわかります。

> ・医師、児童指導員、保育士、臨床心理技術者、作業療法士、言語聴覚士等で発達障害に関する知識を有する者
> ・障害児施設等において発達障害児の支援に現に携わっている者
> ・学校教育法に基づく大学において、児童福祉、社会福祉、児童学、心理学、教育学、社会学を専修する学科又は、これに相当する課程を修めて卒業したものであって、発達障害に関する知識・経験を有する者

主な活動の場は保育所という自治体がほとんどだと思いますが、その対象は「地域の一般的な子育て支援施設」とされており、子育て支援センターや児童発達支援事業所、学校等も訪問、相談対象に含まれるなど、非常に汎用性の高い相談事業となっています。パンフレット「巡回支援専門員を活用した効果的な子育て支援のために」によると「子どもが生活する生活環境（教室など）を暮らしやすい、刺激に混乱することのない、理解しやすい環境にするための工夫や、子どもに合った遊びやかかわりを提案することができる」とされており、発達障害者（発達障害の診断がついた子ども）に限らず、その特性がある子どもも対象です。

　任意の市町村事業であるため、その運用は自治体に任せられていますが、事業としては、**①子どもの発達支援・相談、②保護者支援・相談**という、2つの軸が掲げられています。これらは、幼稚園のカウンセラーの活動では「保育者相談」と「保護者相談」に該当しますが、その活動形態や内容は、実にバラエティに富んでいます。筆者の経験の範囲ではありますが、下記のように、「巡回相談とはこういうものです」と説明するのは難しい実態があります。

- 巡回相談を希望する保育所に、年4〜6回訪問し、障害児以外の「気になる子」の保育者、保護者の相談にも応じている。相談員は、自治体が何名かの心理専門職に委嘱、相談員1人につき、複数の保育所を担当する担当制
- 巡回相談を希望する保育所に、月1回訪問し、障害児以外の「気になる子」の保育者、保護者の相談にも応じている。相談員には、心理専門職、作業療法士、言語聴覚士がおり、心理師（士）は毎月、作業療法士は半年に1回、言語聴覚士

は3か月に1回の頻度での訪問日が決まっているなど、様々な領域の支援が受けられるようになっている。

- 年1回、発達障害児（つまり、診断がついている子）のみを対象とし、保育者相談や保護者相談を実施している。相談員には心理専門職が複数いるが、担当制ではなくその日のシフトで相談員が変わる。
- 保育所から要請があったときに、障害児や「気になる子」の保育者相談のみに応じている。相談員には心理専門職、保育士がおり、担当制ではなくその日のシフトで相談員が変わる。

など

　また、補助割合の内訳は国が1/2、都道府県が1/4、市町村が1/4となっており（2017年度）、スクールカウンセラーとは違って市町村負担もあるのが特徴です（スクールカウンセラーは、国：1/3、都道府県・政令指定都市：2/3、私立学校の場合は私学助成、国：1/2、都道府県1/2）。

　ただ、市町村の規模と巡回相談の中身の充実度は、比例するものではなく、どちらかというとおのおのの市町村の子育て支援への取組みの姿勢が表れているように思います。もちろん、相談員として活動できる専門職の絶対数の問題も、影響していると思われます。

　保育所でのカウンセリング活動は、基本的には幼稚園で求められる役割、内容と同じですが、0～2歳の子どもも在籍していることからいくつかの特徴があります。以下、該当する章には「保育所や認定こども園の場合」というページを設けていますので、ご参考ください。

Ⅳ 「幼稚園のスクールカウンセラー」を何と呼ぶべきか

　キンダーカウンセラー、「保育カウンセラー」、そして保育巡回相談員について見てきました。様々な名称で活動することがある乳幼児専門のカウンセラーですが、今後「幼稚園でのスクールカウンセラーの活用」で広がりを見せそうな「幼稚園のカウンセラー」は、何と呼ばれることになるのでしょうか。

　今回の改正省令による「幼稚園におけるスクールカウンセラーの活用」は、スクールカウンセラーがそのまま幼稚園にも、活動範囲を広げるという意味合いがあったようです（2021年11月現在）。しかし、これまで見てきたように、スクールカウンセラーと幼稚園のカウンセラーに求められる役割や職務、必要とされるスキルは、決して同じではありません。また、日本では、幼稚園は法律的には「学校」に分類されますが、幼稚園をスクールというのは一般的とは言えません。「幼稚園のスクールカウンセラー」「幼稚園に勤務するスクールカウンセラー」と言うのは、日本語としても少し違和感がありますし、いまひとつ馴染まないようにも思います。第1章で見てきたスクールカウンセラーの任用条件や役割、活動内容からは、関西の私立幼稚園で活動している「キンダーカウンセラー」が、もっともその役割に近いと言えます。

　大阪府でキンダーカウンセラー事業が開始された当時はまだ、

認定こども園はなく、保育所保育士への支援とは差別化して立ち上げられたそうです。確かに、キンダーカウンセラーのキンダーは、kindergarten（英語で「幼稚園」）の略ですが、kindergartenの語源はドイツ語で、ドイツ語のkinderには「子どもたち」の意味があります。従来のネーミングの意図とは逸れてはしまいますが、筆者は、就学前施設で心理・発達支援をする心の専門家を「キンダーカウンセラー」と呼ぶことを提案したいと思います。

　本書執筆時点では、幼稚園は文部科学省、保育所は厚生労働省、認定こども園は内閣府と管轄が異なりますが、幼児教育基準のねらいは「どの施設に通っても同じ水準の幼児教育、保育環境が保証されるように」と、2017年に統一されています。同じ水準の幼児教育、保育環境を保証するためには、どの施設に通っていても、同じ水準の子育て支援が保証されることも重要でしょう。

　我が国では、2023年にこども家庭庁の創設が予定されていますが、これを機に、すべての就学前施設での心理支援活動が統一され、保育者にとってはどの地域で仕事をしていても、保護者にとってはどこに住んでいても、同じ充実した支援が受けられるようになること、そして就学前施設で心理支援をするカウンセラーの呼び方が統一されることを期待しています。

● 保育カウンセラー

　2004年に中教審において検討された「保育カウンセラー」は、臨床心理の専門的な知識や経験をもつ「心の専門家」が、定期的に幼稚園や保育所を訪れて子どもを観察して、保育者に指導を支援したり、保護者からの育児相談や発達相談などにのるという、いわばスクールカウンセラーの幼稚園、保育所版のような存在でした。

　他方、2005年に商標登録された公益社団法人全国私立保育連盟の保育カウンセラーは「保育を専門とし、保育カウンセリングの理論と技法を習得し、カウンセリングマインドを有したパラカウンセラー・ピアカウンセラー」であるとされており、同連盟が指定する養成講座を修了した人が申請することができます。受験資格は、保育園、または社会福祉、教育系現場での職員経験年数が3年以上とされています。

　カウンセリングマインドというのは、「カウンセラーに必要な態度や心構え」を示す和製英語ですが、保育の世界でも、1993年に文部省（当時）が「保育技術専門講座」で使ったことをきっかけに用いられるようになりました。保育の場でのカウンセリングマインドを、鯨岡峻氏（2004）は、「①子どものありのままの姿を温かく受け止める、②子どもの立場に立ってものを考える、③子どもの心に寄り添いそれに応じる、④子どもが安心してできる関係を築く（信頼関係を築く）、の4点を基礎に対人関係を動かしていく態度」であると説明し、子ども一人ひとりに対応するときに必要となる態度であると同時に、一人ひとりの保護者に対

応するときにも、求められる態度だと説明しています。

　また、藤井和枝氏（2011）は、「保育の場で保育者は、子どもの表情や行動をよく見て、子どもの話をよく聴き、子どもの目線や立場に立って子どもの内面を理解しようと努め、子どもを受容し、子どもの気持ちに寄り添ってかかわろうと努める。したがって、保育とは『カウンセリング・マインド』を駆使して子どもとかかわることだと言える。保育とカウンセリングには通じるものがあり、それが『カウンセリング・マインド』である」と表現しています。

　保育カウンセラーの有資格者はもちろんのこと、日々カウンセリングマインドを駆使して子どもたちと接してくださっている保育者の皆さん、そしてカウンセリングを生業とする私たち、心理専門職。カウンセリングマインドに溢れる2つの職種のコラボレーションが、今回の省令改正により可能となりました。乳幼児の育ちを協働しながら支えるこのスタイルが、今後、全国のスタンダードになることを期待しています。

第3章

幼稚園のカウンセラーにできること

 はじめに

　この章では、幼稚園のカウンセラーの具体的な内容や特徴、導入前に検討しておいていただきたいこと、また、実際の活動の具体的な内容と一日の流れを、筆者が実際に行っているキンダーカウンセラーの活動をもとに紹介していきます。

　幼稚園でのカウンセリング活動の内容は、園の方針やニーズによって違ってきますが、大きくは、

> ● 保育者相談のみの活動を希望する園
> ● 保護者相談のみの活動を希望する園
> ● 保育者相談と保護者相談の両方の活動を希望する園

に分かれます。

　子どもは、園（保育者）と家庭（保護者）に支えられながら成長していきますので、保育者と保護者、双方への支援が重要なことは言うまでもありませんが、年間の活動回数によっては、保育者相談のみになる園も少なくありません。回数に余裕がある場合は、保護者相談の実施、保育者向けの研修会や、保護者講演、懇談会などの実施へとカウンセラーの活動範囲も広がる傾向があります。

I 主な活動と内容

　幼稚園のカウンセリング活動の軸となる「保育者相談」と「保護者相談」は、筆者の場合は次のような流れで行います。

＜保育者相談＞

① 保育者より相談内容についてのヒアリング（当日）
　　　　　↓
② 行動観察、アセスメント
　　　　　↓
③ コンサルテーション

＜保護者相談＞

① 保護者相談の申し込み（受付窓口は園）
　　　　　↓
② 行動観察、アセスメント
　　　　　↓
③ 保護者相談

それぞれの活動内容について、説明していきます。

1 保育者相談

　保育者への子育て支援活動の1つです。集団生活に馴染めない
などの「気になる子」についての相談のほか、保育者自身が仕事
上抱えている問題や、プライベートな悩みの相談を受けることも
あります。

　中でも一番多いのは、やはり「気になる子」についての理解や
対応についての相談です。幼稚園や保育所で、保育者の「気にな
る子」が、全国的に増えていると言われるようになって久しいで
すが、筆者がカウンセリング活動を行う中でも、「じっとしてい
られない」「危険を顧みず飛び出したり、高いところに登る」「活
動の切り替えができない」「言葉やコミュニケーションの未熟さ」
「集団に入れない」「パニックを起こす」「無気力で寝転んでばか
りいる」「指示が通らない」などの「気になる子」や、そこまで
手を焼いてはいない「ちょっと気になる子」についての相談がほ
ぼ100％を占めています。

　2007年に特別支援教育が教育現場に本格的に導入されて以来、
幼稚園における特別支援教育は、学校教育法において「障害のあ
る児童などに対し、障害による学習上又は生活上の困難を克服し
自立を図るために必要な知識技能を授けること」と定められてい
ます。また、幼稚園教育要領解説（2018年）には、

障害のある幼児などには、視覚障害、聴覚障害、知的障害、
肢体不自由、病弱・身体虚弱、言語障害、情緒障害、自閉症、
ADHD（注意欠陥多動性障害）などのほか、行動面などにお

> いて困難のある幼児で発達障害の可能性のある者も含まれて
> いる。このような障害の種類や程度を的確に把握した上で、
> 障害のある幼児などの「困難さ」に対する「指導上の工夫の
> 意図」を理解し、個に応じた様々な「手立て」を検討し、指
> 導に当たっていく必要がある。

と書かれています。注目すべきは「行動面などにおいて困難のあ
る幼児で発達障害の可能性のある者も含まれている」ところです。
現場では「気になる子」が、性格なのか、経験や家庭教育の問題
なのか、それとも「行動面などにおいて困難のある幼児で発達障
害の可能性のある者」なのか、確信が持てないまま、試行錯誤し
ながら保育に当たっている保育者が多いのが現状でしょう。

　園児の中には、乳幼児健診の後、親子教室を経て入園してきた
り、発達の遅れや凸凹を指摘され、地域の療育（児童発達支援事
業所、児童ディ）に通いながら通園している子どももいます。これ
までの「気になる子」をめぐる調査研究から、保育者にとって対
応が困難であると感じるのは「診断を受けている障害児群」より
も「診断を受けていない群」であることや、保育における指導上
で問題を感じた経験は「障害児」よりも「気になる子」の方が有
意に多かったという報告、また「気になる子」のうち診断を受け
ていない子どもは、診断を受けている子どもの約3.5倍であった
ことなどが報告されています。診断を受けていない「気になる子」
は、診断を受けている子どもに比べて「対処の仕方がわからない」
「保護者の対応が難しい」「他機関や就学児の教育機関との連携の
問題が大きい」などの課題があることが指摘されており「気にな
る子」への現場での負担の大きさが伺えます。

一方で、「気になる子」の保護者が、いよいよ専門機関に相談に行こうと思っても、今はどの地域も、子どもの発達について相談できる機関は混みあっています。子どもの園での困り感に気付き、すぐに地域の発達支援センターや病院を受診したいと思っても、予約がとれるとも限りません。「予約は毎月○日の×時から、電話でのみ受け付ける」などの指定があるものの、当日何度かけても通話中で繋がらず、通じたときにはすでに予約枠はいっぱいで、来月のその日にまた電話をかけなければならない、というところや、電話は繋がったけれど予約日は半年後だったという話、医療機関においては、そもそも新規の予約を受け付けていないところもあると聞きます。

　しかし、そうしている間にも、子どもは成長していきますし、保育者の負担や困り感も変わりません。幼稚園のカウンセラーは、保育者相談を通して、保育者の困り感を聞き、相談対象児の姿を観察したり関わったりしながら、日頃の保育の中で実行可能な支援を探り、保育者に提案したり、今後の支援を一緒に考えていくことが求められています。

2　保護者相談

　保護者への子育て支援活動の1つで、「個別相談」「個別カウンセリング」と呼ばれることもあります。相談の申し込みがあった保護者に対し、子育ての不安や悩み、困りごとなどを、カウンセラーが直接聴き、心理的な支援や、具体的な助言を通して不安の軽減や解消、また子育てへの負担を取り除くためのかかわりです。

　保護者にとっては、毎日子どもが通う馴染みがある場所で、専

門家に相談できるというメリットがあります。小さな子どもを持つ家庭にとって、外部の相談機関を予約して、場合によっては兄弟姉妹を連れて足を運ぶのは大変なことですが、お迎えのついでに相談ができるのであれば、保護者の相談へのハードルはさらに下がります。

　相談は、子どもに関することに限らず、在園児以外の兄弟姉妹のこと、夫婦・家族関係、保護者自身のことなど、どのような相談でもよい、と設定している園が多いです。保護者のメンタルヘルスの不調がそのまま子どもに影響を与えることは、保育者の間でもよく知られている事実だからでしょう。

　この保護者相談は、地域によって、幼稚園によっては、地域住民の子育て相談にも対応していたり、園外に出向いての相談も可能など、地域の子育て支援の一環として活用されているところもあります。

　保護者相談の申し込みが、在園児に関することとわかっているときは、カウンセラーはあらかじめ、その子の園でのクラスの様子を観察した上で、保護者の話を聞くようにします。集団生活の場では、家庭で保護者が見ている子どもとは、また違う姿で見られることがありますので、園での様子を見た上で保護者の話を聞くことができると、その子のことをより多面的に理解することができます。また保護者にとっても、園での子どもの様子をカウンセラーから聞くことで、新たな発見があったり、気付きを得られることも多いようです。

　なお、幼稚園で行う保護者は、医療機関や民間のカウンセリング施設などで行う、中長期的に継続する「治療的なカウンセリング」とは違い、保護者や保育者の悩みや問題を解決するための、具体的な助言や提案が必要とされる「相談」の要素が強いものと

なります。医療機関などで行われる心の病や心の問題に取り組む心理支援（治療的なカウンセリング）は、相談者の話を傾聴し、アドバイスをしないのが一般的です。問題解決の答えは相談者の中にあると考え、相談者が自ら答えに辿りつく過程に寄り添うイメージです。一方で、学校や幼稚園などの教育現場でのカウンセリングでは、相談者の想いに寄り添いながらも、問題解決に向けた助言が必要とされます。これは、スクールカウンセラーでもよく問題になることですが、体調不良を訴えて学校に行かなくなった生徒の保護者からの相談に「本人が登校する気になるまで見守りましょう」といった助言をし続け、子どもが完全に不登校になってしまった、といったようなことになるのは困るからです。

　乳幼児期の似たような対応に「もう少し、様子を見ましょう」というものがあります。このような「見守るだけ」「話を聴くだけ」のカウンセリングは、学校や幼稚園に通う年齢の子どもたちにはあまり適しません。見守っている間も、保護者の困り感は変わりませんし、子どもは成長していきます。介入が必要なタイミングが何回もあったのに、様子を見ているうちに見逃してしまっていた、というような事態は、避けなければなりません。

　保護者相談の内容を聞いて、必要と思われれば、地域の専門機関を紹介することもあります。子どもの発達の問題の例を、以下に挙げます。

　「乳幼児健診ではひっかからなかったし、家庭でもそこまで気になることはないが（保護者からの情報）、集団生活の中では指示が通らない等のしんどさが見られる（保育者からの情報、及びカウンセラーの行動観察の結果）。ただカウンセラーが1対1でかかわりをすると理解し、できることも多

い（カウンセラーの行動観察とかかわりの結果）。学年が上がると園での活動も複雑になっていくので、ますますついて来られなくなる可能性が高い。一度、発達検査を受け、発達の特徴を知っておくことや、必要であれば療育に通うことで、この子はもっと伸びるのではないか」

　上記のような見立てをした場合は、保護者に説明して地域の発達支援センターや発達検査ができる病院などの専門機関を、紹介することになります。

　これは、保護者のプライベートな悩みに関しても同様で、保護者自身の悩みに、カウンセリングを用いた問題解決に効果がある、と思われた場合は、病院等カウンセリングを継続して受けられる適切な機関を紹介することになります。

　なお、主訴が子どもに関することであっても、保護者自身の体や心の不調、配偶者との不仲（離婚問題やDVなど）また、子どもへの虐待など、外部の専門機関によるサポートが必要な状況がわかることもあります。こういった場合も、関連機関を紹介することがあります。また、カウンセラーが、園と共有した方が、子どもや保護者にとって利益に繋がると判断した情報は、保護者にもその旨を伝え、了解を得た上で園と共有していきます（Ⅱ「4　守秘義務について」参照）。

　以上のように、幼稚園のカウンセラーには、保護者の気持ちや想いに十分に寄り添いながらも、適切な助言や解決方法を提案し、その子の発達の助けとなるようなかかわりをしていきます。そのとき、相談に来てくれた保護者の気持ちが楽になる、前向きになれるようなかかわりを心がけることは言うまでもありません。

3 行動観察（観察）

　幼児期の子どもは、まだ自分の困り感を十分な言葉で表現することができません。「先生、ここどうするの？」「○○ちゃんが、いじわるしてくる！」など、一言であっても伝えてくれる子どもはよいのですが、言葉にできない子どもたちは、部屋の中でずっとうつむいている、突然癇癪をおこす、笑顔が見られない、部屋の隅で黙々と一人遊びをしている、などの行動で伝えてきてくれます。

　また、カウンセラーのように、外部から来た初めて会う大人にべったりと甘えてくる、抱っこを求めてくる、あるいは突然、後ろから蹴ってくる、汚い言葉を浴びせてくる、などのかかわりをしてくる子どももいます。何か言いたいこと、伝えたいことがあっても、それをうまく表現できない子どもたちです。中には集団活動に馴染めていなかったり、活動について来られていないのに、本人にはまったく「困り感」がなく、保育者も気付かないまま園生活を送っている子どももいます。

　このように、困り感を言葉で伝えてくれない年齢の子どもが対象の幼稚園のカウンセラーには、「その子を観察しながら理解する」ことが求められます。子どもたちの行動（姿）を観察することで、その子の困り感や問題の原因を探り、保育者や保護者などの大人にその子の困り感を「代弁」する必要があるからです。子どもと保育者、子どもと保護者の繋ぎ役になるためには、この「行動観察」の時間を十分とることが大切です。

　行動観察では、普段のありのままのクラスの様子を見せてもらえれば十分ですが、運動面が気になる子の相談をしたい場合は、

運動遊びやリトミックの活動を、制作の取組みが気になる子の場合は、制作の活動を、カウンセラーが来る日に設定してもらったり、食に関して気になる点がある子どもの場合は、昼食を同じテーブルでカウンセラーが食べられるような設定をしていただくことは必要です。時々、「活動と活動の間の切り替えが、なかなかできないのが気になる」という相談内容にもかかわらず、外での自由遊びで行動観察の時間が終わってしまったり、「友達関係で、しばしばパニックになる」という相談内容に、わざわざトラブルになるようなきっかけをつくろうとされる園がありますが、子どもに負担がかかってしまうため、そういった配慮は不要です。

　行動観察は、保育室の外、または中であっても少し離れたところから見させてもらうのか、子どもと直接関わってもよいのかは、保育者の方針や活動の内容によっても違ってきます。子どもたちにとっては、カウンセラーの存在そのものが影響を与えてしまいますが、活動や保育を妨げないように気を付けながら、観察をします。

④　アセスメント（見立て、査定）

　アセスメントは、査定や見立て※とも呼ばれることがあるものです。幼稚園のカウンセラーは、行動観察を通してアセスメントを行いますが、医療機関や発達支援センター、児童相談所などの専門機関では、保護者からの聞き取りと、発達検査や知能検査などの心理検査を用いて行われるのが普通です。

　乳幼児期は、体や心が急速に成長する時期です。身長や体重、運動能力など、目に見えるものは誰もが把握することができますが、言葉や知識、社会性などの目に見えない、いわゆる「発達」

と呼ばれる部分については、なかなかわかりづらいものです。

　性格が一人ひとり違うように、発達の仕方も一人ひとり違いますが、乳幼児期は特に、月齢、経験の有無、家庭環境、性格など、カウンセラーにとって、アセスメントのポイントが多いと言えます。言葉の発達を例に挙げると、「1歳で初語」「2歳で二語文」などの基準は知られているものの、どこまでがゆっくりで、どこからが正常で、どのような状態だと偏りがある疑いがあるのか曖昧で、専門家であっても判断が難しいところです。発語だけがゆっくりなのか、理解面はどうなのか、共感性はどうなのかといったあたりからも総合的に見立てていくことが必要となってきます。

　保育者からの相談を受けたとき、カウンセラーは頭の中にいくつかの「仮説」を思い浮かべながら聞いています。例えば、保育者相談で「ルールが守れない。並ぶとき、皆を押しのけてでも先頭に行こうとする」という子どもの相談があったとき、筆者であれば、

---

① わがままを何でも聞いてもらえる家庭環境で育っている。

② せっかち、我慢ができない、負けず嫌い、一番がいいなど
　内面的な問題
　　― 性格の問題
　　― 発達的な特徴

③ ルールの意味がわかっていない。
　　― ルールを理解できない
　　― ルールそのものに関心がない
　　― ルールを守ることに関心がない
　　― ルールを要する遊びに関心がない

---

④　ルールは理解しているがマイルールを通したい気持ちの方が強い。
　　　— 性格の問題
　　　— 発達的な特徴
⑤　聴覚からの情報の理解力（言葉だけの説明）に弱さを抱えている。
　　　— 耳鼻科的な問題の有無
　　　— 発達的な特徴
⑥　視覚からの情報（図示、デモンストレーションなど）を伴えば理解できるかも。
　　　— 発達的な特徴
⑦ 感覚統合的な問題を抱えている可能性

などの仮説を頭に浮かべながら、その子の姿を観察し、見立てをしていきますが、ここで、カウンセラーが持っている「仮説」の数が少ないと、例えば、問題の本質が発達にあるにもかかわらず、心理的な問題や家庭環境といった面にだけ着目して、対応したり問題解決を図ろうとすると、事態が長引いたり、複雑化してしまうことになりかねません。

　アセスメントの結果、発達の問題を抱えている可能性が高いのであれば、カウンセラーの見立てをその根拠とともに説明し、適切な対応方法を伝えたり、必要に応じて、外部の専門機関に紹介することなどが必要となってきます。

◆「診断」との違い

　アセスメント（査定、見立て）と混乱しやすいものに「診断」があります。

幼稚園で活動をしていると、たまに「Aくんは、前のカウンセラーの先生からADHD（注意欠如・多動症）と診断されています」と説明してくださる園がありますが、これは誤った認識です。〇〇障害、△△症候群、などの疾患名をつける医学的診断は、医師だけができる法律行為ですので、医療機関に繋がっていない子どもに、幼稚園で関わっただけのカウンセラーが診断名をつけるということはありません。

　ただ、カウンセラーも、障害について医師の診断基準と同等の知識は持っています。例えば、保育者から「いつもそわそわしていて、突然、保育室を飛び出していってしまう」という子どもの相談を受けたとき、カウンセラーが観察し、アセスメントして、明らかに専門機関に繋がる方がいいと判断した場合は、「ADHDの可能性があります」などと、伝えることがあります。医療や療育（児童ディ）など、適切な外部の専門機関に繋がる方が、今後の健やかな育ちに役立つのが明らかな時です。その場合、下記のような説明をします。

　「ADHDだとすると、何度注意しても、本人がいくらじっとしていようと努力しても、できません。これは本人のせいでも、親の育て方のせいでもなく、生まれつきの脳の働きの特徴なので仕方がないのですが、気持ちや行動を少しずつでもコントロールできるようになれることが、今後の育ちの課題になっていきます。ただ「できないことを注意される」ことが続くと、子どもの中に『自分は注意ばかりされる悪い子』『言われてもできないダメな子』『みんなができることができない子』という気持ちが育ってしまい、今後の性格の形成にも、よくない影響を及ぼしかねません。一方で、危険なことへの

介入は絶対に必要など、かかわり方には工夫がいるため一度、専門機関を受診されるのがよいと思います。診断がつけば、周囲の大人が同じ認識でこの子に関わることができますし、小学校に行ってからも配慮してもらうことができます。診断がつかなくても、そこでの発達検査の結果を共有させてもらうことでこの子の発達の特徴、苦手なことや得意なことを、知ることができ、今後のかかわり方のヒントになりますし、園と家庭の両方で適切な環境をつくっていくことができます」

前述したように、今はどこの地域も、発達についての相談ができる機関は混みあっています。仮に、保護者がすぐに支援を受けさせたいと思っても、医療機関は予約も難しく、発達相談ができる公的な機関（地域によって、児童相談所、発達支援センター、保健所、役所、役場などまちまちです）にも待機期間があり、発達検査を受けたい場合は、さらに数か月後〜半年、それ以上待たなければならい自治体もあります。しかし、そうしている間にも、子どもはどんどん成長していきます。保育者も有効な手立てを見出せないまま、月日だけが過ぎていってしまいます。

このような空白の期間をつくらないためにも、カウンセラーは、「診断」のあるなしに関係なく、「見立て」を元に保育者にADHDを持つ子の特徴や、困り感を伝えたり、その子の育ちに役立つようなかかわり方や声のかけ方など、園内でもできる、具体的な助言や提案をする役割が求められています。

5 コンサルテーション（保育コンサルテーション）

「コンサルテーション」という言葉は、多くの方にとって聞き慣れない言葉かもしれませんが、領域が異なる専門家同士が協働し、問題の解決に向けて話し合うことを言います。ある専門家が抱える問題に、別の専門家が捉えた視点を伝えることで、解決をサポートするという方法です。ここでは保育者（国の教育基準に基づいて子どもの教育、保育に当たる専門家）に、カウンセラー（心の専門家）が、相談対象児の心の育ちや発達を臨床心理学から見えた視点を伝え、その子の育ちへのよりよい支援を検討し合う場のことを言います。援助する側（カウンセラー）を「コンサルタント」、援助される側（幼稚園教諭等）を「コンサルティ」と呼びますが、そこには上下の関係はありません。お互いがお互いの専門性を尊重しますので、コンサルタントが提案したことを、実際に聞き入れたり、実行するかどうかも含めて、コンサルティが決定していきます。

コンサルテーションでは、普段、保育者が見ている子どもの状態について、カウンセラーが臨床心理学的な視点で違った角度からの見方を伝えることで、保育者の中には「新たな見方」が生まれます。その「新たな見方」をもとに、お互いの知識や経験、アイディアを出し合い、今後、園でも取り組んでいけそうなことを話し合っていきます。このとき、家庭での子どもの姿が、担任を通して保護者から、あるいはカウンセラーが保護者相談を通して得ることができていれば、より総合的に子どもを理解することが可能となります。

図表3-1 違った角度からその子を理解するための「保育コンサルテーション」

　幼稚園でのカウンセリング活動の中でのコンサルテーションは、先の「3　行動観察（観察）」とセットで行われるのが一般的です。行動観察をせずにコンサルテーションを持つことも不可能ではありませんが、カウンセラーは保育者からの話を通してしか子どもの姿を知ることができませんので、想像力を働かせながらの見立て、話し合いになります。コンサルテーションを充実させるためには、行動観察の時間を十分に設けるなど、幼稚園にカウンセラーがいることのメリットを生かして活用していただければと思います。

6　外部機関への紹介（リファー）と連携

(1)　子どもの場合

　幼稚園のカウンセラーは、保育者相談や保護者相談、観察やアセスメントなどの活動を通して、相談対象児を、外部機関に繋ぐ役割を求められることがあります。

外部機関の紹介先で一番多いのは、やはり発達の問題に対応してくれる機関です。発達は一人ひとり違いますし、それが個性と呼ばれるものにもなっていくわけですが、これからの社会生活や集団生活に、支障をきたしそうな偏り、凸凹を抱えている場合は、少しでも早い時期から支援を受けられるようにすることが必要です。就学前に療育等の適切な支援に繋がった子は「就学後の困り感」も低いまま維持されることがわかっています。また適切な療育に繋がると、幼稚園でも落ち着いた様子を見せるようになることは、保育者の間でも知られています。まずは地域の発達支援センターや児童福祉センター、医療機関などを紹介し、療育に繋がるように保護者を支援していくことになります。

　また、乳児期の子どもにありがちな、極端な偏食や、眠り、排泄の問題などは、心理的な問題の可能性もありますが、発達の問題からきているものであったり、身体的な問題を抱えていることもあります。心理的な問題であれば、カウンセラーの対応範囲ですが、それ以外の場合は、やはり一度専門機関に診てもらっておいた方がよいのではないか、ということで、医療を含む外部の専門機関を紹介します。

　「ことばの発達」がゆっくりで見守りが必要だと思っていたら、耳鼻科的な問題を抱えていた、という話や、構音や滑舌の問題が、口の中の器質的、機能的な問題だった、というのはよく聞く話です。

　周囲から「不器用」と認識されている子どもの中には、小学校入学後、運筆などの学習に支障をきたすような「発達性協調運動障害」が隠れていることも珍しくありません。

　また、担任との雑談の中で「ハサミを使うときに、顔を斜めに

して目を近づけながら切るのが不思議なんです」と聞いたカウンセラーがその子に関わり、保育者と同様の違和感を覚えて専門機関に繋げたところ、眼球運動の困難さが見つかった、というようなこともありました。

　こういったケースには、地域の発達支援センターや児童福祉事務所で対応できることもありますが、児童精神科や小児神経科がある病院等、子どもの発達を専門とする言語聴覚士や作業療法士がいる機関を紹介することもあります。

　他にも、担任から「保護者が子どもの発達の気になる点を、かかりつけ医に相談したところ、『大丈夫』と言われたと報告があった。園としてはやはり気になるのだが」と相談を受け、カウンセラーが調べてみると、かかりつけ医はアレルギーの専門医だった、というようなこともありますので、地域の情報はできるだけ把握するように努めています。

(2)　大人の場合

　大人からの相談をリファーすることもあります。保育者相談や保護者相談で、保育者や保護者自身がメンタルヘルスの問題を抱えているとわかった場合は、心療内科、精神科クリニック等を、一時的な「相談」ではなく、定期的、継続的なカウンセリングが有効と思われる場合は、カウンセリングが併設されている病院やクリニック、大学に併設されているカウンセリング機関や民間のカウンセリング施設などの情報を、発達障害の可能性がある場合は、成人の発達を診ることができる病院やクリニックを、配偶者などが発達障害ではと悩まれている場合は、18歳以上の地域住民が利用できる発達障害者支援センター、夫婦間にDVがあれば地域の女性センターなどの、情報提供が必要となることもありま

す。幼稚園で把握されている情報もありますが、カウンセラーも
また、このような地域の社会資源を知っておくことが必要とされ
ます。

　さて、これらの問題は決して「発見して終わり」ではありませ
ん。療育のように、幼稚園を卒園するまでしか利用できない機関、
医療機関のように長期的に通う機関、など性質は様々ですが、連
携することができれば、専門機関と園と家庭が協働して子どもへ
の支援を行うことができます。
　もっとも、幼稚園のカウンセラーは非常勤という立場で関わっ
ていますので、他機関との窓口になり続けることは難しいのです

**図表3－2　幼稚園のカウンセラーとともに、地域で子ども
の育ちを支援するイメージ**

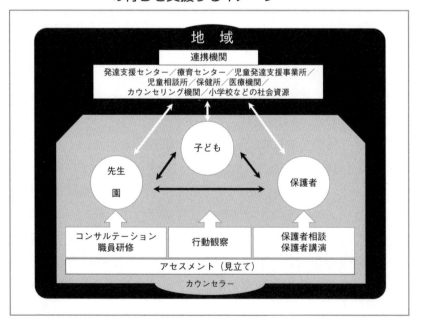

● 図表3−3　子どもの育ちを支援し続けるために必要な「繋ぐ」支援

が、園や担任に他機関との連携の仕方を助言したり、連携後も、一緒にその子への支援体制をつくっていくという立場で関わります。卒園が近づいてきたら、小学校や放課後等児童ディサービス、放課後児童支援施設との連携に向けて、助言することもあります。

　外部機関との連携は、子育てや、子どもの育ちを「地域で見守れる」かたちがつくれることを意味します。卒園後も、その子を理解し、見守ってくれる支援者を地域にたくさんつくるということです。幼稚園や保育者、そして幼稚園のカウンセラーも、その子に関われるのは在園中の数年間だけです。卒園したら支援が途絶えてしまった、保護者が孤立してしまった、というようなことがないよう、横へ、縦へと「繋ぐ」支援が、幼児期には特に求められているように思います。

7 相談例を通して理解する

　以上のように、幼稚園のカウンセラーは、行動観察やアセスメント、コンサルテーションといった営みを通してカウンセリング活動を行っていますが、もう少し具体的にイメージできるように、相談例を通して活動の流れを追ってみたいと思います。

　年中組のＡくんは、初めは保護者のある気がかりから、保育者を通してカウンセラーに繋がってきました。

> 　年中組の担任が、ある日Ａくんの保護者から「うちの子はお友達がいないのではないか。いとこが家に遊びに来てくれても、上手く遊べず、結局別々に遊んでいる。幼稚園ではお友達と仲良く遊べていますか？」という相談を受けました。担任は、「『園ではＢちゃんとよく一緒に遊んでいます。トラブルも起こしたことがないし、気になることはありません』と答えたものの、お母さんの心配は解消されていないようだ。お母さんが心配しすぎだと思うが、どう伝えればよいか」ということで、カウンセラーに相談がありました。「園で楽しく遊べている様子を、具体的に伝えられることができれば、お母さんの心配もなくなるのでは」ということで、Ａくんを観察することになりました。
>
> 　この日、Ａくんのクラスを観察できたのは、自由遊びの時間でした。Ａくんは、一番にプラレールのコーナーに走って行って、お気に入りの新幹線を選ぶと、大事そうに手元におきながらレールを組み立て始めました。みんなと同じ、プラ

レールグループの輪の中にはいるのですが、自分からお友達に働きかける姿は見られません。周りの子どもたちが、部品の貸し借りをしたり、レールを繋げ合ったりして遊ぶ中、1人で黙々と遊んでいました。たまにBちゃんが「Aくん、それ貸して」などと言ってきます。Aくんは、黙ってBちゃんに手渡します。お気に入りと思われた、手元に置いていた電車を貸してほしいと言われたときは、少し躊躇った様子を見せていましたが、Bちゃんに渡すと、自分はまたおもちゃ箱に、別の電車を取りに行っていました。Bちゃんとは「仲がいい」ようにも見えましたが、このときのAくんは「嫌」と言えないだけのようにも見えました。

　カウンセラーはAくんの言葉の理解度や、語彙の数を知るために、話しかけてみることにしました。「今日遊んでいたプラレール、かっこよかったね。あれ、なんていう電車？」Aくんは斜め下を見ながら「E5系新幹線はやぶさ。夏におばあちゃんちに行ったときに、お父さんとお母さんと、乗った。ものすごく速いんだ！」と即答してくれました。カウンセラーは「新幹線の名前、よく知ってるねぇ！　おばあちゃんちに行っ…（て、どんなことして遊んだの？）」と、会話を続けようとしましたが、Aくんは、さっと背中を向けて本棚に行き、絵本を1冊選ぶと椅子に座り、1人で黙々と読み始めてしまいました。

　この後の観察でも、Aくんが自分からお友達に話しかける姿は見られませんでしたが、担任には「今日は給食の日？　お弁当の日？」と尋ねたり、「トイレに行ってきていいですか」など話しかけていました。

コンサルテーションの時間になりました。カウンセラーは、観察したAくんの姿を担任に伝え、Aくんはお友達と遊べているように見えたけれど、実は1人で黙々と遊んでいたこと、Bちゃんとの交流はあっても、やりとりは少ないこと、自分が興味、関心があることは語彙も豊富に流暢に話すことができても、会話を続けることは難しく、自分の気持ちを伝える言葉は出てきにくいようだ、という「見立て」を伝えました。

　すると、担任は「そういえば…」と、給食の時間にAくんはなかなか食べ始めず、突然泣き出してしまうときがあること、保育者が関わると「苦手な野菜が入っていて、食べられない」ことがわかり、野菜を減らすと、渋々食べはじめたというエピソードを思い出して、話してくれました。「電車のことなら何でも知っているし、難しい言葉もよく知っていてお話もしてくれるので、言葉の発達には何も問題がないと思っていました。でも確かに、自分が話したいことを一方的に話すことが多く、こちらからの質問には答えずに行ってしまうことは多いです」「苦手な給食を減らしてって自分から言えないのも、一度や二度じゃないんです。自分から言えないはずはない（と思っていた）ので、私に構ってほしいのかな、って思ってたんですけど…コミュニケーションに弱さを抱えていたとは…。これは、お母さんの言うとおりお友達とうまく遊べているとは言えないかもしれないですね」と、これまでと違った側面から、Aくんを理解できたようでした。

　その後も、コンサルテーションでは「お母さんは、家でいとこと遊んでいるときだからこそ、そういうAくんの姿に気

付けたのでは」「集団で遊ぶことが多い幼稚園の中ではわかりづらいことも多い」「Aくんがお友達と一緒に、楽しく遊べる遊びって何があるんだろう」「言語を使うやりとりより、身体を使った遊びから始める方がいいかも」「Aくんは運動が苦手であまりそういう遊びに参加してこない。誘ったら来てはくれるが、すぐにどこかに行ってしまう」「ならば、単純で簡単なものがいいかも」「給食で苦手なものがあったら減らして、っていうのは小学校でも大事なこと」「どうやって練習していけばいいのでしょうね？」などと、話し合いが続きました。

この相談例の中には、「**保護者が生活の中で気になった子どもの姿**」「**保育者が普段見ている子どもの姿**」「**カウンセラーが観察を通して理解した子どもの姿**」が出てきました。Aくんのお母さんの日常生活の中での気付きをきっかけに、それぞれがお互いの視点を出し合うことで、保育者の中には、新たなAくんの見方が生まれました。

このコンサルテーションでは、この「新たな見方」をもとに、お互いの知識や経験、アイディアを出し合い、今後、園でも取り組んでいけそうなことを話し合い（「付録：「気になる子」もつい参加したくなる遊びの紹介」参照）、また、お母さんには、相談を受けた担任から「今回、お母さんから相談を受けて、園での様子を改めてカウンセラーに見てもらってわかったこと」を伝えてもらいました。そのとき、Aくんの気になる面に対して園でできそうな取組みを伝え、お母さんの方も、他に気になることがあれば、カウンセラーとの保護者面談の日を設ける旨を伝えてもらいました。

以上、担任の保護者対応からの保育者相談、行動観察と見立て、コンサルテーションまでの流れを、見てきました。これは、普段のカウンセリング活動で出会うよくあるエピソードを事例化したものですが、多くの場合、この後お母さんから保護者相談の申し込みがあります。保護者相談では、カウンセラーは、保護者の主訴（保護者が一番、訴えたい悩みや問題）を聞きながら、保護者自身は、子どもをどのように理解しているのか、困り感はどれほどか、園のことをどのように認識しているか（信頼や不満の程度、担任の先生の言葉をどのように捉えているか、など）、また家庭の状況や、保護者自身の心身の状態なども把握するよう努めます。カウンセラーの見立てや助言を、どのくらい受け入れてもらえそうか、家庭でできる支援はどの程度かなどを探りながら、保護者が前向きな気持ちで終えられるような面接相談を心がけます。この保護者相談で得られた情報は、お母さんの了解を経て園と共有し、Aくんのよりよい園生活に役立てていきます。

Ⅱ 導入前に検討しておくべきこと

1 一日の勤務時間と時間帯

　幼稚園のカウンセラーの勤務時間は、第1章Ⅱ「3　勤務形態など」で述べたように、スクールカウンセラーに準じて一日4〜8時間ということになりますが、多くの自治体のスクールカウンセラーの勤務時間は、一日4時間、または7〜8時間と設定されています。しかし、幼稚園の教育時間の標準が4時間であることを思うと、この4時間、または7〜8時間というのをそのまま当てはめるのは、無理があるように思います。

　仮に、勤務時間を4時間とすると、カウンセラーが子どもを観察できる時間が短く、また観察できる場面も限られてしまいます。一日の活動の数十分だけを切り取って観察して、その子を総合的に理解するのは不可能に近いことです。それに4時間だと保育者とのコンサルテーションも、教育時間内に実施することになりそうです。ただし、1回目は保育者相談と行動観察、2回目は1回目の観察についてのコンサルテーションと保護者相談、など日によって活動内容を分けて工夫することは可能かもしれません。

　勤務時間が8時間だと、カウンセラーは子どもたちがまだ登園を終えてない時間帯から勤務することになります。朝は、園にとって人の出入りも多く慌ただしい時間でもありますので、そのタイミングで出勤しても、打ち合わせや、相談対象児についてのヒア

リングをすることは難しいでしょう。

　筆者が提案したいのは、朝10時〜16時という時間帯です。教育時間の4時間をすべてカウンセラーが子どもを観察する時間に充てることができれば、カウンセラーは、朝の会からお帰りの会までの一日の様子をまんべんなく観察することができます。保育者とのコンサルテーションも、教育時間内に行う場合は担任の代わりにクラスに入る交代要員が必要になりますが、子どもたちの降園後に実施すれば、それも不要です。これらの状況を鑑みると、幼稚園のカウンセラーの勤務時間は朝10時〜16時を中心に、園の事情によって前後を15〜30分程度調整しながら、合計6時間で活動するのが、効率がよいように思います。労働基準法上も、労働時間が6時間を超えると休憩時間が必要となってきますので、10時〜16時という時間帯は妥当に思えます。

　なお、カウンセラーにとって給食の時間は、観察の宝庫です（Ⅲ「2　給食〜お帰りの会」参照）。カウンセラーは一緒に食べながらもアセスメントをしていますので、休憩の時間にはなりません。朝10時〜16時は、園にとってもカウンセラーにとっても、理にかなった勤務時間帯であると思います。

2　一日の相談人数

　一回の訪問での相談人数（以下、「相談対象児数」という）は、園の規模や年間の導入回数、先生や子どもの状態によって様々です。カウンセラーを導入して年数が経っている園は、全体的に落ち着いてきているのもあり、相談対象児数も少ないことが多いのですが、導入したばかりの園は、「気になる子全員」の名前が挙がってきたり、一学年十数名、学年をまたいで数十名ということ

も珍しくありません。また、新入園児に「気になる子」が多いと、年度始めの相談対象児数も増えることになります。担任がクラス運営に悩んでいる場合などは、「クラス全体を見てほしい」という相談を受けることもあります。

　一日の相談対象児数が少ないと、1人当たりの観察時間が十分とれるため、アセスメントも丁寧にでき、助言の内容も充実します。多いと観察時間も短くなり、アセスメントも助言も「広く浅く」になってしまいます。少人数にして「狭く深く」相談したいのか、1人でも多くの子どもを「広く浅く」相談したいのか、希望される内容に応じて、人数を設定されるのがよいと思います。

　筆者の場合、最もパフォーマンスがよいのは一回1クラス3名程度、クラス相談の場合は一回1クラスですが、園の状況に応じて、臨機応変に対応するようにはしています。一回につき、何名まで引き受けられるかは、カウンセラーによっても違いますので、カウンセラーと話し合っておかれることをお勧めします。

3　年間スケジュールの組み方

　年間の訪問回数は、スクールカウンセラーの活動状況からもわかるように、自治体によって様々です。回数が少ない自治体ほど、実施するタイミングや一回を有効に活用することが大切になってきます。参考までに、年間活動回数別の年間スケジュールの一例を紹介しておきます。

　年度始めは、新入園児に関する相談が入るため、年少組を優先的に入れています。次に、優先されるのは小学校への入学を控える年長組です。年中組は、前年度の年少組の時にしっかり見ることができていれば、比較的落ち着いているはずですので、優先度

図表3−4　年間スケジュールの一例

○ 年3回の場合

導入回数	活動プランの例		活動内容
3回／年	1回目	5月	年長組	・保育者相談（行動観察＋コンサルテーション）
	2回目	6月か7月	年少組	
	3回目	9月以降	年中組	

○ 年6回の場合

導入回数	訪問プランの例			活動内容
6回／年	1回目 2回目	5月	年少組	・保育者相談（行動観察＋コンサルテーション） ・保護者相談
	3回目 4回目	6月か7月	年長組	
	5回目 6回目	9月以降	年中組	

○ 年12回の場合

導入回数	訪問プランの例			活動内容
12回／年	1回目 2回目 3回目	5月	年少組 年長組 年中組	＊保育者相談（行動観察＋コンサルテーション）
	4回目 5回目 6回目	6月〜7月	年少組 年中組 年長組	＊保護者相談 ・保育者相談（行動観察＋コンサルテーション）
	7回目 8回目 9回目	9月〜11月	年少組 年長組 年中組	＊保育者相談（行動観察＋コンサルテーション） ・保護者相談
	10回目 11回目 12回目	12月〜2月	年中組 年少組 年長組	＊保育者相談（行動観察＋コンサルテーション） ＊保護者相談

＊は優先

○ 年15回の場合

導入回数	訪問プランと活動内容
15回／年	12回の活動　＋　講話（職員研修や保護者講演など）

・年度始めは、5月下旬を想定しています。4月はまだ、子ども、担任ともに新しい環境に慣れておらず、5月上旬はゴールデンウィークでリズムが崩れがちです。急ぎの相談や保護者相談の希望が入っている場合は、この限りではありません。

を低くしています。

　幼児期は、発達のスピードが早いため「もう少し、様子を見ましょう」ということは、あまりしたくありません。一回一回のカウンセリングを有効に利用するために、年度初めに、カウンセラーと一緒に、一年の活動計画を立てられるのがよいでしょう。

4 守秘義務について

　園が保護者相談を実施する場合、事前にカウンセラーと確認してほしいことの1つに、守秘義務の取り扱いがあります。公立幼稚園の場合は、公務員の守秘義務がありますし、保育士の場合は、児童福祉法第18条の22に定められているため、説明するまでもないかもしれませんが、私たち、心理専門職にも相談の中で知り得た内容を外部に漏らさないという守秘義務を負っています。

　カウンセラーにとって、守秘義務は相談者のプライバシー保護の観点だけでなく、相談者に安心して悩みを話してもらうためにも必要なものです。公認心理師は、公認心理師法第41条において「秘密保持義務」が、一般社団法人日本臨床心理士会倫理綱領第2条において「秘密保持」が規定されています。

＜公認心理師法第41条＞

　公認心理師は、正当な理由がなく、その業務に関して知り得た人の秘密を漏らしてはならない。公認心理師でなくなった後においても、同様とする。

＜臨床心理士倫理綱領（改正：令和2年5月28日）＞

＜秘密保持＞
第3条　臨床業務従事中に知り得た事項に関しては、専門家としての判断のもとに必要と認めた以外の内容を他に漏ら

してはならない。また、事例や研究の公表に際して特定個
人の資料を用いる場合には、来談者の秘密を保護する責任
をもたなくてはならない。

しかしながら、中には園と共有する方が、相談者や子どもの利
益になると判断される場合があります。例えば「実は乳幼児健診
で、発達を指摘されていた」「離婚の話が出ている」「配偶者から
暴力を受けている」などです。カウンセラーは相談者の了解を得
た上で、園と共有することになりますが、情報を知り得た教職員
には、園として秘密を守る「集団守秘」の義務が生じます。この
「守秘義務」や「集団守秘義務」については、特にカウンセラー
と打ち合わせをし、その意図を十分に理解、確認し、教職員間で
遂行していただくことが求められます。

なお、保育者相談で、保育者自身のプライベートな悩みを聴い
たときも同様で、管理職に伝える必要があると判断した場合は、
相談者の理解を得た上で報告することがあります。

5 カウンセラーの存在を、保護者に 知らせるべきか

たまに、「園に発達を見てくれるカウンセラーが来ていること
を、保護者に知らせるべきでしょうか」という相談を受けること
があります。知らせていない、知らせたくない背景には、下記の
ような事情があるようです。

• 保育者相談は実施せず、保育者相談にしか利用しないので、
保護者に知らせる必要はない。

- 保育者がその子の対応に困っていること自体、保護者に知られたくない（保護者が傷つくのでは）。

このような園の方針はもちろん尊重されるべきですが、どちらにすべきかという相談を受けたとき、筆者は「保護者にも隠さず、公にしている園の様子」を伝えるようにしています。

保護者にカウンセラーの存在を公表している園は、毎年、入園式や年度始めに園だよりなどで「園には、子どもの心理や発達専門のカウンセラーが定期的に来てくれている」ことを保護者に知らせています。保護者相談を実施していない園であっても、下記のような説明をするそうです。

「私たち（保育者）も、子どもたちへの接し方に悩むことがあります。そういうときは、年に〇回、園に子どもの様子を見に来てくれる、専門家の先生に相談し、一緒に対応を考えさせてもらっています。子どもの発達は一人ひとり違うので、私たちもその子に合った対応をしてあげたいからです。その上で、お父さん、お母さんにも、伝えた方がいいと思うことがあれば、担任から声をかけさせていただくこともあるかと思いますが、そのときはよろしくお願いします」

こうすることで、実際に気になる子がいる場合でも、保護者への声かけがしやすくなり、担任の心理的負担も軽減するようです。

保護者相談も実施している園であれば、この後に、

「皆さんの方でも、もしお子さんについて心配なことがあ

れば、いつでも担任に相談してください。担任にもわからないことは、カウンセラーの先生に直接相談してもらうこともできます。当園では、保育、幼児教育の専門家である保育者と、心理、発達の専門家のカウンセラーの先生が一緒に皆さんのお子さんの育ちを見守っています」

と、園の姿勢も併せて伝えることで、保護者の園への信頼度も増すようです。保護者相談を実施している園の場合は、保護者相談を申し込むことへの抵抗も小さくなるようです。

　「園が専門家に相談していることを、保護者に伝えるかどうか」は、保育所の巡回相談でもよく聞く悩みです。保護者に知らせるべきかどうかで悩まれている園は、参考にしてみてください。

Ⅲ カウンセラーが来る日の一日の流れ

　実際にカウンセラーを導入した後、カウンセラーが来る日は、どのような一日になるのでしょうか。本書では、京都府私立幼稚園連盟のキンダーカウンセラーの活動時間に倣い、朝10時から夕方の16時（一日6時間）の活動を想定したカウンセラーのタイムスケジュールの一例を紹介します。一日のタイムスケジュールは、園の「カウンセラー担当」の保育者（多くは主任）にあらかじめ組んでおいていただいています。

● 図表3－5　幼稚園でのカウンセリング活動の一日の流れ（コロナ禍前）

10時	・出勤 ・担任から相談対象児についてのヒアリング	複数クラスに相談対象児がいる場合は、移動しながら
～昼食まで	・クラスに入り行動観察	
昼食	・クラスで子どもたちと一緒に食べる（食事場面の観察）	
～降園時間	・クラスに入り行動観察	
幼稚園：降園後 保育所：午睡中	・コンサルテーション ・保護者相談	
16時	・退勤	

（1） 10時から昼食まで

● 一日の予定の確認と担任からのヒアリング

朝10時に出勤したら、まず、園のカウンセラー担当者（多くは主任）から、その日一日のタイムスケジュールを紙面でもらいます。タイムスケジュールの内容は、その日の相談対象クラスの担任とも共有されています。

タイムスケジュール確認後は、その日の相談対象児がいるクラスへ行き、担任から相談対象児についての相談内容を聞きます（相談対象児についてのヒアリング）。相談内容については、1人ずつ、相談シートを作成し記入して渡してもらえる園、メモで渡される園、口頭だけの園、など園によって様々です。

すでに子どもたちは登園していますが、十分に人手がある場合は応接室や職員室でヒアリングを、そうでない場合は、クラスの中や廊下で立ち話的に行うこともあります。クラスで行う場合は、その日の相談対象児を教えてもらっておきます。そのとき、子どもを呼んだり、「この子です！」と紹介してもらうのではなく、「こっそり」教えてもらいます。子どもの中には「自分のことを話されている」「言いつけられている」と、敏感に感じとってしまい、自尊心が傷ついてしまう子どももいるためです。

観察対象児の人数が多かったり、クラス相談の場合、また体操服など一律で特徴が捉えにくい服装で行う活動などの日は、名札を付けるようにしてもらったり、粘着テープに名前を書いて背中に貼ってもらうなどの工夫をしてもらうこともあります（これも、相談対象児だけでなく、全員への取組みとして行ってもらいます）。

(2) クラスに入り、行動観察をする

　相談対象児についてのヒアリングが終わったら、クラスに入って行動観察を開始します。初めての園、クラスでは「『みんなが幼稚園で楽しく遊んでいるかな？』『幼稚園に来るの嫌だ、幼稚園嫌い、っていう子はいないかな？』って見にくる先生」という立場で紹介してもらいます。誰かのお母さん（お父さん）、実習に来るお姉さん、お兄さんとも違う「先生」なんだよ、と示すことで「先生」に対する構えを知ることができます。多くの子どもにとって、「先生」とは一緒に楽しいことをしてくれる大人で、「先生」の言うことを聞くといいことがある、と認識していますが、集団生活に慣れていない子どもや、発達がゆっくりな子どもの場合、曖昧にしか理解できていないことがあります。

　行動観察は、保育室の外、または中であっても少し離れたところから見させてもらうのか、子どもと直接関わってもよいのかは、活動によって、保育者の方針によっても違ってきますので、事前に確認しておきます。

　筆者の場合、朝の会やお帰りの会は少し離れたところから観察します。設定保育の活動は、最初は少し離れたところから観察し、その後、個別に関わらせてもらいます。自由遊びは少し離れたところから観察することもありますし、みんなの中に入って一緒に遊んだり、個別に関わったりしながら過ごします。

　子どもたちにとっては、カウンセラーの存在自体が刺激となってしまいますが(子どもによって、嬉しい、張り切る、緊張する、避ける、など様々)、できるかぎり活動や保育を妨げないように気を付けながら、観察します。

　観察からは、活動への取り組み方、友達や先生とのかかわり方、

遊び方、生活の流れの理解などから、認知面、社会性、運動面の発達を軸に、その子の理解を試みます。

2 給食～お帰りの会

(1) 昼　食

　基本的には、クラスの子どもたちと一緒に、可能であれば同じものを食べながら過ごします。昼食時に「たまにしか来ない、珍しい先生」がどのグループで食べるのかは、多くの子どもたちにとって、重要な関心事項となりますので、子どもたちからの「先生、ここで食べて！」「先生、一緒に食べよう！」コールに巻き込まれないよう「今日、●●先生にはここの席で食べてもらいます」など、担任に宣言してもらうようにします。食に関する相談がある子どもがいる場合は、同じテーブルで食べられるように配置してもらいます。

　昼食の時間は、カウンセラーにとっては観察項目の宝庫です。スプーンやフォーク、お箸の使い方、咀嚼や嚥下の仕方などから

は微細運動の様子が見られますし（運動面）、また、メニューや食材の種類、語彙の数、野菜や肉といったカテゴリーの理解、甘い・辛い・苦い・酸っぱいなどの味覚や、柔らかい・硬いといった食感の理解（認知面）や共有、美味しい・美味しくない、好き・嫌いなどの気持ちを伝え合ったり共感ができるか（社会性）、など食事場面を通して得られる情報がたくさんあります。

　また、牛乳瓶の蓋の開け方、飲み物のコップへの注ぎ方、パックの場合はストローの扱い方、デザートのカップゼリーやプリンのフィルム蓋の開け方、ふりかけやパンの袋の開け方など通して、手先の器用さ不器用さ、力の入れ加減の特徴などもわかります。ゼリーカップのフィルムを、口（歯）を使って開ける子ども、友達や先生に開けてもらう子ども、うまく開けられずぐちゃぐちゃにしながらも食べようとする子どもなどには、どのように関われば手指を使って自分で開けられるか模索することもできます。

　子どもに給仕や配膳を手伝わせている園では、盛りつけの時の腕や手首の使い方や、茶碗や汁椀、お皿を運ぶときの様子にその子の特徴が出ることがあります。最後まで慎重にこぼさないようにして運ぶ子ども、集中力が途切れて最後の最後でこぼしてしまう子ども、最初からこぼしながら歩いていく子ども。こぼしたものを片付けられる子ども、片付けずに次の配膳に取りかかる子どもなど。

　一見、保育者相談の内容とは無関係に思えるこういった事柄が、制作や体育遊びなどの活動、対人面や日常生活の困難さに繋がっていることがありますので、昼食は貴重な観察の時間となります。

(2)　昼食後〜降園まで
　引き続き、クラスに入り行動観察をします。

外遊びの場合は、一緒に園庭に出て、少し遠くから観察することもありますし、一緒に遊びながら、かかわり方を模索することもあります。遊びの種類や遊び込みの程度、お友達とのやりとり、遊具や道具の使い方など、ここでも観察ポイントがたくさんあります。

お帰りの会の後、保護者の送迎がある場合は、たまたま遠くから見かけた親子の姿から、普段の関係を垣間見ることができたりもします。

3　降園後

子どもたちが帰った後、担任とのコンサルテーションを持ちます。保護者相談が入っていれば、保護者との個別相談後、担任とのコンサルテーションという流れになります。

(1)　コンサルテーションを実施する場合

コンサルテーションの一回当たりの時間は、一日に複数のクラスからの保育者相談があった場合は、一クラス当たり20〜30分、一クラスだけの場合は60分など、その日の相談状況によって変わります。

場所の設定は、園に相談室や応接室がある場合はそこで行いますが、ない場合は職員室や講堂の一角、空いている保育室で行う園もあります。

コンサルテーションは、担任とカウンセラーの2人で持つこともありますが、主任や園長、手が空いている保育者が同席し、ミニ園内研修会のように活用されている園もあります。園の責任者に知っておいてほしい内容の話がある場合（虐待の疑いなど、園

での対応が必要な案件）は、カウンセラーの方から、責任者へ同席をお願いすることもあります。

(2) 保護者相談を実施する場合

　保護者相談について、一家庭当たりの時間は園によってまちまちですが、可能であれば、心理臨床家にとっての一般的なカウンセリングの時間である50分の設定を希望するカウンセラーが多いのではないかと思います。筆者が経験した中には「相談を希望する保護者、1人でも多く機会をつくってあげたい」ということで、一家庭当たり20分で、という園もありました。この決められた相談時間内に、初めて会う保護者と信頼関係を築きながら、保護者の悩みや思いを十分に聴き、カウンセラーが観察した園でのその子の姿と照らし合わせながら、何らかの問題解決方法を提案することになります。20分であってもそれなりの相談活動はできますが、保護者のニーズに応えるためにも、できればカウンセリング活動日数を増やすなどして対応していただくのがよいと思います。

　場所の設定については、園に相談室や応接室がある場合は問題ありませんが、ない場合は、保護者のプライバシーを守るため、他の保護者や子どもたちに見られない場所を設定していただくようにします。例えば、角部屋など廊下に人通りがない保育室、窓にはカーテンをひく、保護者には入り口に背を向けて座ってもらえる席の配置にするなど、外から他の保護者や子どもから、相談の様子を見られない環境をつくる工夫をします。

　なお、保護者相談の申し込み方法ですが、担任を通して申し込む園もあれば、担任は通さず申し込める園もあります。「園での姿を見てもらった上で、カウンセラーに相談できる」ことのメリットを生かすのであれば、前者でも問題がないように思いますが、

後者の場合は、申し込み窓口となる人を決める、申し込みポストをつくるなどの工夫をされています。

ここには相談者のプライバシーや、守秘の問題も絡んできますので、どのようなかたちで受け付けるかは事前に検討が必要です。

(3) 午後からの時間配分の例

保護者相談やコンサルテーションの時間配分については、その日の相談対象児の人数や、保護者相談の希望者数によって変わってきますが、保護者相談は公平性を保つため「一家庭40分」などのように一定にしてもらいます。こういったスケジューリングも、園のカウンセラー担当者（多くは主任）にあらかじめ決めていただき、時間管理を含めてお願いするようにしています。

参考までに、降園後のタイムスケジュールの例をいくつか紹介します。なお、「小休憩」はカウンセラーが相談内容をまとめるための時間です。

＜午後の時間配分の例１＞
保護者相談が２ケース入っており、相談対象児が同じクラスの場合

13:30 ～ 14:10　保護者相談①
14:10 ～ 14:20　小休憩（①の相談内容のまとめ）
14:20 ～ 15:00　保護者相談②
15:00 ～ 15:10　小休憩（②の相談内容のまとめ）
15:10 ～ 15:50　コンサルテーション
15:50 ～ 16:00　次回の打ち合わせ

<午後の時間配分の例2＞
保護者相談が2ケース入っており、対象児が別々のクラスの場合

13:30 ～ 14:10　Aクラスの保護者相談
14:10 ～ 14:20　小休憩（Aクラスの保護者相談内容のまとめ）
14:20 ～ 15:00　Bクラスの保護者相談
15:00 ～ 15:10　小休憩（Bクラスの保護者相談内容のまとめ）
15:10 ～ 15:30　コンサルテーション（Aクラス）
15:30 ～ 15:50　コンサルテーション（Bクラス）
15:50 ～ 16:00　次回の打ち合わせ

<午後の時間配分の例3＞
コンサルテーションと保護者相談を1回ごとに行う場合

【保護者相談のみの活動日】
　午　後 ～ 15:50　保護者相談
　15:50 ～ 16:00　次回の打ち合わせ

【コンサルテーションのみの活動日】
　降園後 ～ 15:50　コンサルテーション
　　　　　　　　　　（前回の保護者相談のフィードバックを
　　　　　　　　　　含む）
　15:50 ～ 16:00　次回の打ち合わせ

IV 保育所や認定こども園の場合

就学前施設で行うカウンセリング活動は、保育所、認定こども園などであっても大きな違いはなく、これまで見てきた幼稚園でのカウンセリング活動の内容が、そのまま当てはまります。ただ、0歳児から在籍していること、一日の時間が幼稚園より長いことから、幼稚園にはない特徴があります。

1 カウンセラーから見た特徴

乳児期に、一クラス当たりの保育者数が多いこともあり、その子のことを知っている保育者がたくさんいます。多くの保育者が、それぞれの視点から子どものことを捉えているため、保育者同士で情報交換がされると、これまで知られていなかった情報がわかることがあります。

自分のことを知ってくれている保育者が所内にたくさんいることは、子どもにとっても安心感に繋がり、時には、逃げ場所（何かあったときに駆け込める、ほっとできる存在）になることがあります。

友達と過ごす期間や時間も長いため、きょうだいのような存在になります。友達だけでなく、保育者、他児の保護者を含めて「○くん（ちゃん）はこういう子」と周囲が理解しているため、発達に偏りがある子どもも温かく見守ってもらえる傾向があります。

ただし、卒所してからも同様の環境に恵まれるとは限りませんので、小学校に送り出す際は、保育要録のほか、十分な申し送りをするなどの工夫や配慮が必要となります。またカウンセラーにもそういった視点からの助言が求められることがあります。

　周産期の状況や、乳幼児健診の結果が把握されていることが多く、また、はいはい、初歩、初語が出た時期などの記録も残されているため、その子の発達を時系列で把握することができます。トイレトレーニング（排泄）や午睡（睡眠）など、日常生活に直結した生活場面に関われるのも特徴です。

　幼稚園に比べると、子どもやその家族、家庭環境について保育者が把握している情報量も多いため、カウンセラーにとっても、アセスメントの材料が豊富です。

2　勤務時間、年間活動スケジュール

　一日の勤務時間帯について、保育所や認定こども園の場合は、相談対象児の中には、登園時間が早い子どももいるため幼稚園よりも1時間早い9時や9時半からの勤務を希望されるところもあります。また、コンサルテーションは、午睡の時間を利用することができます。この時間帯だと、拡大コンサルテーションにしても保育者が集まりやすくなります。

　年間スケジュールについても、年度始め、幼稚園はゴールデンウィークも終わって落ちついた5月下旬から開始することが多いのですが、保育所の場合は、あまり意識しなくてよいように思います。むしろ、保育室が変わったり、担任が変わったりと、新しい環境でしんどさが出てくる子どもの様子を見ることができま

す。また、夏休みや冬休みがないため7月や8月の勤務も可能となります。ただし、この時期はプール遊びの活動が入るため、カウンセラーにとっては観察できる情報が限られてしまうというデメリットがあります。夏休みは、普段休みが取りにくく保護者相談に申し込みにくい保護者でも、日程を調整しやすいなど、保護者相談が増える時期でもあります。

3　その他

他にも、幼稚園と比較すると、

- それぞれの教育基準の違いからくる活動内容
- 保育者や保護者の年齢層
- 保護者の属性による雰囲気

など、違いは多々あります。認定こども園に至っては、幼保双方の性質を持っていることから、また別の独特な雰囲気を感じます。

　カウンセラーにとっては、どの就学前施設で行うカウンセリング活動も、子どもたちが心身ともに健やかに育つ環境を整えるために行う「保育者支援」「保護者支援」であることに違いはありませんが、保育所保育士は幼稚園教諭に比べると、子どもに関わる時間も期間も長いため、インクルーシブ保育、統合保育を実践するには、保育者に求められる子どもの発達、発達障害に関する知識の量、障害児への配慮、また保護者対応や関係性づくりなど、保育者の負担や課題も多くなります。カウンセラーも、それらに対応できるだけの知識やアイディアを持ち、日常の保育の中で実

行可能な支援を提案し、保育者を支援していくことが求められます。

Column 04

● 心理専門職の職業倫理　～多重関係と利益誘導～

　保育者相談や、保護者相談で、心身のプライベートな悩みを話されたり、カウンセラーが気付いたりすることがあります。「話を聞いてもらえるだけで楽になった」「誰かにわかってもらえただけでまた明日から頑張れる」という場合はよいのですが、継続したカウンセリングを受ける方が効果的だと思われるときは、外部のカウンセリング機関の情報を提供することがあります。

　スクールカウンセラーや幼稚園のカウンセラーは非常勤ですので、他の病院や民間のカウンセリング機関にも勤めていたり、個人で相談室を開業しているカウンセラーもいます。カウンセラーとして活動している園の相談者（保育者や保護者や子ども）を、自らが勤務する機関に誘導することは「多重関係」や「利益誘導」に当たり、職業倫理に反します。カウンセラーが外部の専門機関を紹介するときは、そういったことにならないよう、複数の機関の情報提供をし、相談者が選べるようにするのが一般的です。

＜臨床心理士倫理綱領（改正：令和2年5月28日）＞

＜援助・介入技法＞
第5条　臨床業務は自らの専門的能力の範囲内でこれを行い、常に来談者が最善の専門的援助を受けられるように努める必要がある。

臨床心理士は自らの影響力や私的欲求を常に自覚し、来談者の信頼感や依存心を不当に利用しないように留意しなければならない。その臨床業務は職業的関係のなかでのみこれを行い、来談者又は関係者との間に私的関係及び多重関係をもってはならない。

＜職業倫理の7原則＞

第3原則
相手を利己的に利用しない
　　多重関係を避ける。クライエントと物を売買しない。物々交換や身体接触を避ける。勧誘（リファー等の際に、クライエントに対して特定の機関に相談するよう勧めること）を行わない、など。

（出典）「公認心理師　現任者講習会テキスト」

第**4**章

理想的な子育て支援を
考える

 **はじめに**

　子どもは、幼稚園や保育所、認定こども園などの就学前施設と、家庭を主な生活の場にして成長していきます。子どもたちが心身ともに健やかな乳幼児期を送るには、子どもの育ちを支える就学前施設と家庭それぞれが充実し、子どもにとって安心で安全な居場所となることが大切です。

I KPCモデル
～3つの円から考える～

　就学前施設に通う子どもは、一日の主な時間を施設で過ごします。幼稚園だと一日4時間、保育所の場合は起きている時間の大半を過ごす場となり、ここでの体験や大人のかかわり方が、家庭と同様に、子どもの育ちに大きく影響するのは言うまでもありません。この章では、子ども（Child、C）の育ちを支える就学前施設を幼稚園（Kindergarten、K）、家庭を保護者（Parent(s)、P）の3つの円で表し、理想的な子育て支援のために、それぞれの円に心理の専門職ができることを、検討していきたいと思います。筆者はこの3つの円を、それぞれの頭文字をとってKPCモデルと呼んでいます。

● 図表4-1　KPCモデル

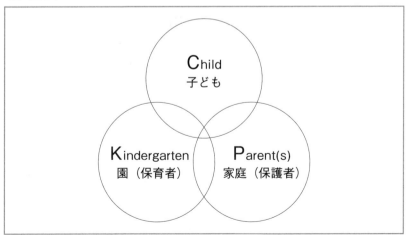

II 3つの円に心理専門職ができること

　前ページの図表4−1のように、幼稚園のカウンセラーは、Cを支えるKとPの両方に関わることができます。KとPのそれぞれ、もしくは両方からの相談にのることができますので、KとPがともに同じ方向性でCに関わりながら、Cの育ちをサポートしていくことができます。

🔵 図表4−2　KPCモデル4つの重なる部分

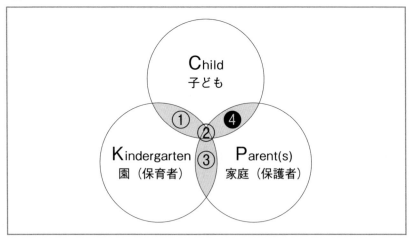

　それぞれの領域には、重なり合っている部分があります（図表4−2）。①CとK、②CとKとP、③KとP、それから❹のCとPの4つです。このうち、幼稚園のカウンセラーが関わることがで

きるのは、①〜③の部分です。

　幼稚園のカウンセラーは、これらのどの部分にどのようなかかわり方ができるのかを、実際のキンダーカウンセラーの活動に当てはめながら以下見ていきましょう。

1　①のＫとＣ領域 〜保育者への支援〜

◆　保育者相談とコンサルテーション

　領域①で、カウンセラーは、園で過ごす子どもの様子、子どもと保育者や、子どもとお友達との関係を見ることができます。ここでできるのは、「保育者相談」「行動観察」「コンサルテーション」の一連の活動です。いずれも通園している子どもに対してできる、園と子どもへの支援です。

　保護者が「気になる子」つまり対応に悩んでいる子どもの話を聞き（保育者相談）、カウンセラーが園でのその子の様子を観察して（行動観察）「気になる」言動の原因を探り（見立て）、心理や発達の側面から、その子の理解の仕方やかかわり方についての助言や提案をする（コンサルテーション）という流れで行います。

　①の領域にカウンセラーが関わることによって、保育者が「気になる子」に対してその子の発達段階に応じたかかわりができるようになったり、その子の保護者とのかかわり方や対応の仕方がわかります。保育者の子どもへの対応が変化するのはもちろんのこと、保護者対応も変わっていきます。保護者との意思疎通がよくなることで、次は保護者の子どもへの対応が変化するというように、よい循環が生まれます。子どもにとっては、ＫとＰ、双方向から適切な配慮や支援を受けられる養育環境がつくられていきます。

2 ②のKとCとP領域 〜保護者への支援〜

②は、幼稚園のカウンセラーならではの貴重な領域です。

KとCとP、すべてが重なっている②は、園で過ごしている子どもの様子や姿を知っているカウンセラーと、保護者との個別相談（保護者相談）ができます。この領域が貴重な理由は、幼稚園で所属している学級、つまり同年齢集団の中での、普段のその子の園生活を知った上で、保護者からの相談を受けることができるからです。これは、例えば、自治体には保健所や役所などにある、子育て相談、発達相談にはない特徴です。多くの子育て相談、発達相談では、相談員は保護者の話を通しての子どもの姿しか知ることができません。中には、子どもも同伴しながら相談できる窓口もありますが、そこで見られるのは、「相談室」という非日常的な場での子どもの姿に限定されます。

実際、保護者相談の中には「家では何も困っていないけれど、担任の先生から気になると言われた」「家では手を焼いているけど、園では何も問題ないと言われている」といった、家庭と園で違う姿が見られるという相談も、少なくありません。幼稚園のカウンセラーには、集団生活のその子の姿を直接観察しているからこそ、わかることがあります（第3章Ⅰ「7 相談例を通して理解する」参照）。

カウンセラーを導入している園の中にも、保護者相談を実施していない園や、実施していても十分な時間をとれない園があります。特に、年間の活動回数が少ない園は、コンサルテーション、つまり保育者支援をメインにされているところがほとんどですが、カウンセリング活動を継続する中で、保育者が力を付けてい

き、保護者相談の時間がとれるようになっていきます。

　また「保護者からの相談は、保育者が責任を持って行うもの」と位置付けて、カウンセラーとのコンサルテーションの中で、保護者へのかかわり方、支援の仕方を扱っている園もあります。

3 ③のKとP領域 〜園への支援、保護者への支援〜

　③の園と保護者が交わる領域は、園に対してできる支援でもあり、保護者に対してできる支援でもあります。例えば、保護者向けの講話「保護者講演」や、懇談会への参加、保護者研修などがあります。

　保護者講演を例にとると、講演のテーマは、保護者会からのリクエストで決めることもあれば、園からの希望で決めることもあります。例えば、子どもの心を育てる親子のコミュニケーション、幼稚園児の発達について、また、そのとき流行のキーワード（最近であれば「自己肯定感」を高めるかかわり方）などがあります。

　保護者の関心があるテーマのほとんどは、保育者向けの研修会のテーマにアレンジすることができます。例えば「幼児期の心身の発達」について、保護者講演と職員研修で、同様の内容を、それぞれの立場や関心に向けてアレンジして発信することで、園と保護者に共通の知識や理解を持ってもらうことができるため、子どもに関して気になることがあったときに、保護者と保育者のコミュニケーションが持ちやすくなるなどのメリットもあります。③で行える支援は、保育者と保護者、どちらにとっても一石二鳥です。

　ところで、保護者講演は、保護者にカウンセラーの顔を知ってもらう機会にもなります。講演の初めに、簡単な自己紹介や活動

報告をすることで、「幼稚園に来ているカウンセラーってこんな人なんだ」「こんな視点で子どもを見てくれているんだ」と認識してもらうことができると、保護者相談の敷居も低くなりますし、何かあったとき保育者も「カウンセラーの先生に相談してみませんか」と勧めやすくなります。

4　Kの円にできる支援

　ここからは、各「円」に対してできる支援を見ていきます。「園」を指すKの円にできる支援は、職員研修や、職員のメンタルヘルスケアです。これによって、K全体、つまり組織の健康度を上げることができます。

(1)　職員研修
　例えば、教職員に対して、幼児の発達をテーマにした園内研修

● 図表4-3　KPCモデルのK

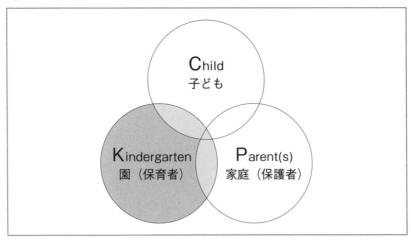

を実施することで、一度に多くの教職員に知識を付けてもらうことができます。普段の園の様子をよく知っているカウンセラーが講師ですので、「先日、○○組であったエピソード」を具体例として取り上げることができます。身近なエピソードによる説明だと理解しやすく、学んだことを即実践に活かしてもらうことができます。普段からコンサルテーションの機会を持っているカウンセラーが講師だと、質問も具体的なものがたくさん出てきます。

　研修のテーマも、園や保育者からの希望を聞いて決めることができます。日頃抱えている問題、例えば、子どもの「気になる面」を保護者にどう伝えるか、保護者とのコミュニケーションを円滑にするための研修や、保育にも日常生活にも活かせるカウンセリングマインドについてなど、保育や教育スキルの向上に役立ててもらうことができます。

(2) 職員のメンタルヘルスケア

　どのような仕事にもストレスはつきものですが、幼稚園は、教員の平均年齢が37.2歳と、他の教育機関よりも若い特徴があります（小学校42.6歳、中学校43.6歳、高等学校45.5歳。文部科学省「令和元年度学校教員統計調査」より）。

　一方で、「気になる子」についての調査研究によると、「気になる子」への対応は保育者の経験年数によって差があり、経験の短い教師は日常的に困り感を抱いていることや、その対応に悩みながら保育をしているという報告がされている論文や、「クラスの障害児の人数は、保育者のバーンアウト※に関係しているとは言えないが、診断を受けていない発達障害児傾向のクラス内の人数が、保育者のバーンアウトの高さと関係している」という研究結果もあるなど、学級に「気になる子」がいる若手の保育者は特に、

悩みを抱えながらも懸命に保育に当たっていることがわかります。

　経験の少なさは、研修で知識を付けることでもカバーできますが、園外で開催される外部研修は、一部の保育者しか参加できないことも多く、学んだ内容は個人の中にしか残りません。その一方、園内研修であれば全員参加も不可能ではありません。そこで学んだ知識は園内で共有することができますし、明日からでも保育に活かすことができます。

　職員研修は、子どもに関することだけでなく、教職員のストレスケアや、職場のコミュニケーションを円滑にするためのワークショップ、自己理解と他者理解のための理論研修などで、職場環境の改善に役立ててもらうこともできます。

※　バーンアウト（燃えつき症候群）
　　それまで1つの物事に没頭していた人が、心身の極度の疲労により燃え尽きたように意欲を失い、社会に適応できなくなってしまう状態のこと。絶え間ない過度のストレスにより発生し、うつ病の一種とも考えられています。朝起きられない・職場に行きたくない・アルコールの量が増える・イライラが募るなどの症状がみられ、仕事が手につかなくなったり、対人関係を避けるようになるなど、社会生活、家庭生活に影響を及ぼすこともあります。

5　Cの円にできる支援

　主人公である「子ども」を指すCの円に、幼稚園のカウンセラーができる支援は、実はほとんどありません。大半が園や保護者を通しての「間接的な支援」になるからです。カウンセラーは、活動の際、行動観察のほか、実際に子どもと関わったり遊んだりす

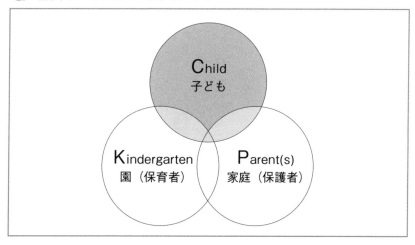

るаこともありますが、カウンセリングというよりは、「今のこの子にとって、大人はどんなかかわりをするのが有効か」を探り、保育者や保護者にフィードバックするため、という要素の方が大きいものになります（「コラム05▶プレイセラピー　～遊ぶことと心の回復～」参照）。

6　Pの円にできる支援

　次ページの図表4－5の「保護者」を指すPの円には、残念ながら幼稚園のカウンセラーができる支援はありません。

　❹のCとPが重なり合う部分は、家庭で過ごす子どもの姿をベースとした、親と子の関係を意味しています。カウンセラーがいる園では、図表4－2の②（KとCとPが重なりあう部分）の保護者相談で対応することはできますが、カウンセラーがいない園に通っている子どもの場合は、地域の相談機関で実施している

図表4-5 KPCモデルのP

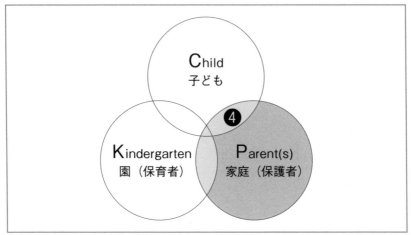

子育て相談や発達相談、民間のカウンセリング施設、個人開業カウンセラーなどを利用することになります。ここは、自治体の相談機関や医療等の専門機関で充実させてほしい領域です。

　幼稚園のカウンセラーではなく、外部の心理臨床家ができる支援はあります。「カウンセリング」です。保護者自身のプライベートな悩み、夫婦関係、心や体の健康の問題など、心の専門家と一緒に解決したい問題があるときに活用してほしい支援です。カウンセリングセンターを併設している病院や精神科・心療内科クリニック、民間のカウンセリング施設、個人開業のカウンセラー施設などで受けることができます。

　以上のように、3つの円のすべてを幼稚園のカウンセラーがカバーできるわけではありませんので、カウンセラーは、その地域の社会資源や利用条件などを知っておき、必要な人に必要なタイミングで、情報提供することが求められます。

Ⅲ 理想的な子育て支援

　これまで見てきたⅡ1～6を1つの図にまとめたものが、図表4-6です。

　「保育者相談、コンサルテーション」「保護者相談」「子育て・発達相談」から出ている矢印は、それぞれが子どもの発達の支援へと繋がっていくことを意味しています。その子の発達の特徴がわかり、その子に合ったかかわりや対応ができるようになること

● 図表4-6　理想的な子育て支援

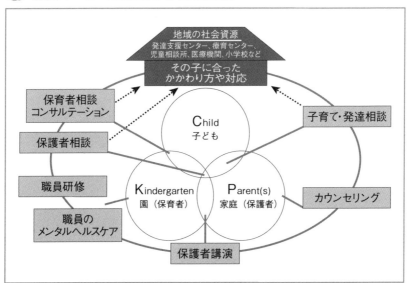

で、子どもはよりよく成長していきます。また、児童発達支援事業所などの専門機関（療育や児童ディ）などの地域の社会資源に繋がることで、園、家庭、専門機関が連携して、知恵を出し合いながら対応を考えていくことができますし、卒園後も、住んでいる地域で子どもの発達を見守り支援してもらう環境をつくることができます。

　カウンセラーとして幼稚園で活動していると、「気になる子」の様子が、うまく保護者に伝わらない、または伝えづらいからと保育者だけで頑張っている園があります。また、家庭では手を焼いているけど園では問題なく過ごしているそうだからと、家族だけで頑張っている家庭があります。ですが、子育ては親だけが頑張るものでも、園だけが頑張るものでもありません。園と家庭双方を、幼稚園のカウンセラーや関連職種の専門職、専門機関が様々なかたちでサポートをすることでそれぞれの「円」が充実していき、子どもの幸福へと繋がっていきます。

Ⅳ 就学前施設における支援の理想と現実

　前出の図表4-6の理想的な支援の中で、幼稚園のカウンセラーができる支援は左半分です。

　これは、実際に筆者が同じ園で5年、10年と活動を続けて、できていったかたちを図式化したものです。
　しかし実際には、カウンセラーの年間の導入回数に限りがあったり、またカウンセラーの経験や得意領域なども関係してくるた

● 図表4-7　就学前施設でできる子育て支援

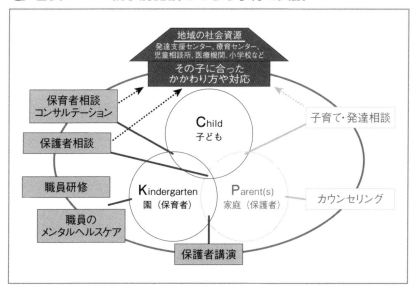

め、左半分のすべてを網羅できるとは限りません。保育所の巡回相談に至っては、「保育者相談・コンサルテーション」の1つだけが行われている市町村も少なくないのが現状です。その理由としては、第1章Ⅰ「1　スクールカウンセラーの専門性」で見てきたように、地域によって心理専門職の数にばらつきがあること、また未就学児の心理支援を専門とする心理専門職自体の少なさなども影響しているのではないかと思います。理想と現実のギャップは、なかなかなくならないかもしれませんが、すでにカウンセラーを導入している園、これから導入しようとする園が、1年に1つずつでも、図表の中の支援を増やしていくことができれば、理想を現実にすることは不可能ではないと考えます。

Column 05

● プレイセラピー　～遊ぶことと心の回復～

　心理臨床家ができる子どもへの心理的支援（前出の図表のCの円）で、一番に思い浮かぶものに「プレイセラピー（遊戯療法）」があります。まだ言語による表現が難しい年齢の子どもでも、遊びを通してなら、様々なかたちで心の中を表現することができます。自然災害の後などに、「子どもたちが、家屋が倒壊している絵を描いたり、津波ごっこをしても、不謹慎だと咎めたり、止めさせたりせず見守っていてほしい」と言われていたのが記憶に新しい方もいらっしゃるのではないでしょうか。

　子どもの遊びには、言葉にできない思いがつまっていますが、そこにカウンセラーが「相当な許容的態度」で子どもに受容的に接し、子どもの主体的な動きを尊重しながら寄り添うことで、「遊び」が治療的なものになっていきます。

　プレイセラピーは、誰にも介入されない自由に遊べる空間であるプレイルーム（遊戯室）で、週1回およそ40〜50分行われます。プレイルームには砂場や水道などの設備があり、人形や積み木や乗り物玩具、描画や粘土遊び用具、ブロックといった一般的なもののほか、パンチングバッグ、刀や鉄砲、いろいろな楽器、箱庭など、子どもが感情を表現しやすく、多様に工夫しながら遊べる様々な種類の「遊び道具」が用意されています。子どもはカウンセラーとの関係性に守られながら、またいくつかのルールを守りながら、そこで自由に遊びを展開し、心を回復していきます。

　就学前施設でカウンセリング活動をしていると時々、「プレイセラピーを受けさせてあげたいな」と思う子どもに出会うことがあります。例えば、虐待や両親の不仲、離別といった家庭の問題や、事件や災害などの影響で心が傷ついたり不安定になっている子ども、選択性緘黙などの症状が出ている子どもたちです。
　幼稚園のカウンセラーが行うのは難しいかかわりですので、プレイルームがある病院やクリニック、民間のカウンセリング機関、心理相談室を併設している大学院などの情報を提供することにな

ります。地域によっては、子ども発達支援センターや子育て支援総合センターなどの公的機関の中に、プレイルームを設置し、実施しているところもあります。

第5章

幼稚園へのカウンセラー
導入後の変化

I 園はどのように変わっていくのか

　幼稚園にカウンセラーが来るようになると、保育者は、保育相談やコンサルテーションを通して「気になる子」の理解の仕方や、対応の方法を知ることができますが、それは学級内の他の「気になる子」「ちょっと気になる子」にも応用することができるため、結果的に学級全体が変わっていきます。また、カウンセラーを通して保護者への働きかけの仕方、園での子どもの姿の伝え方、家庭での様子の尋ね方などを体得してもらうことができます。

　こうしたカウンセラーの活動は、日常的な園内研修のような位置付けに活用することもできます。コンサルテーションを、担任だけではなく、園長や主任、手が空いている保育者や職員も参加する「拡大コンサルテーション」にすることで、子どもの情報を多くの教職員と共有することができます。園の中で、多くの大人たちがその子のことを気にかけてくれると、子どもにとってもプラスになりますし、担任の心理的、物理的負担の軽減にも繋がります。また、保育者同士で、学年を超えたやりとりが活発になっていくと、園全体が変わっていきます。

　ここでは、筆者の体験をもとに、カウンセラーを導入後、園にどのような変化が起きていったのかを紹介していきます。

<設定>

　保育者が対応に悩む子どもが増えてきていたＸ幼稚園は、キンダーカウンセラーを導入することにしました。加入しているＹ県私立幼稚園連盟には、Ｙ県臨床心理士会と連携し、キンダーカウンセラーを紹介してくれる事業を実施しているため、そのシステムを利用することにしました。さっそく連盟に、園に来てほしいカウンセラーの希望（女性、発達についての知識があること、保護者相談に対応できる人など）を伝え、カウンセラーを紹介してもらいました。

　１年目は、お試しもかねて年３回で契約をしました。勤務時間は10時から16時までの６時間です。カウンセラーが定期的に来てくれることでの効果は、日々の保育や子どもの様子に現れ、保育者や保護者からも好評だったため、２年目からは15回の契約を結びました。一学年につき３回の保育相談と、２回の保護者相談ができる回数です。３年目からは職員研修を、４年目からは保護者講演も依頼しました。

　さて、このようなカウンセラーを導入したばかりの園から、最初に見てほしいと依頼されるのは、「５歳児クラス」であることが多いです。保育者が「このまま小学校に送り出していいのか」と不安に思うようになるからです。

1 カウンセラー導入時
～見てほしいのは年長組～

保育者にとっては、これまでも「気になるところ」はあったも

のの、「この子なりに成長しているから」と様子を見てきた園児が、次の春にはいよいよ小学生という状況になると、「このままで本当に大丈夫だろうか」と心配になってきます。「前年度の担任も、保護者には何も伝えていない」というような状況だと「この子に予想される困難さを保護者に伝えておいてあげたいけれど、どうやって伝えればいいのだろう」という悩みを抱えるようになります。

　一方、保護者も「この子は、小学校に入ったらちゃんとやっていけるのだろうか」という不安を持ち始める時期です。気になるところはあったものの、「まだ小さいから」「そのうちできるようになるだろう」と様子を見てきた子どもが、次の春には小学校という状況になると、「このままで、大丈夫なのだろうか」と心配

● 図表5－1　5歳児クラスの先生と保護者の気持ち

になってきます。この担任と保護者の想いが、両者で一致していればあまり問題はないのですが、どちらか一方だけが心配している場合は、悩ましい状況になり得ます。

担任は「卒園までに何とかしてあげたい」「いい状態で小学校に送り出してあげたい」「今からできることがあるなら、取り組ませたい」「必要ならば、小学校にも申し送りをしたい」とカウンセラーに保育者相談を申し込むことになります。

カウンセラーが関わって、担任に「やはり、支援や配慮があった方がいい子だったのか」という理解が生まれると、担任から保護者に「小学校に向けて、こんなところが気になる。園でも取り組んでいくが、一度お母さんもカウンセラーの先生に相談してみませんか。お家でもできることがあるかもしれません」などと伝わると、次はカウンセラーと保護者の「保護者相談」が実現します。

そこで保護者が理解をしてくれると、家庭での子どもへの接し方が変わります。それだけで園での子どもの姿が変わっていくこともありますが、さらに、小学校の就学前相談に繋がったり、場合によっては療育や、児童発達支援事業所（以下、「療育や児童ディ」という）など適切な支援に繋がると、子どもは園でも落ち着いた姿を見せるようになります。

カウンセラーが介入することで、「気になる子」たちのそれぞれの発達段階や課題がわかったため、保育者や保護者は、

- 卒園までに、その子に付けておいてあげたい力がわかる。
- 就学に向けて、取り組むべきことがわかる。
- 発達相談や就学前相談に繋がることで、小学校へのハード

ルを少しでも下げてあげることができる。

- 就学後に出てきそうな困り感がわかり、それらに対応する
準備ができる。

など、明るい見通しが持てるようになりました。

　また保育者の中では、「2年前に卒園したCくんも、小学校に行ってからしんどくなったと聞いている。Cくんも、支援が必要な子どもだったのではないだろうか」「Dちゃんも同じような困り感を抱えていた。Dちゃんも、早く支援に繋げてあげることができていたら、園生活をもっと楽しめたのではないか」など、かつて担当した子どもたちの姿へと繋がっていきました。

　幼稚園にカウンセラーが定期的に来るようになって1年後、保育者の心の中には「5歳になってから気付いても遅いのだ」という気付きが得られていきました。療育や児童ディは就学前までしか通えない福祉サービスですし、地域によっては、常に定員がいっぱいで、利用できるまで1年待ちというところもあり、そういった地域では「年長組になってから、療育の必要性に気付いても間に合わない」ということになります。

　実際、保護者の中には「なぜ、先生が気になっていたことをもっと早く教えてくれなかったのか」と言う方もいらっしゃいます。

2　導入後1〜2年　〜見てほしいのは年少組〜

　年長組の担任の「もっと早く気付いていれば…」という想いは、カウンセラーの介入を通して何らかの支援に繋がっていった子ど

もたちや保護者の姿を通して、園の中で共有され、他の学年担任の共通の想いになっていきます。

　カウンセラー導入後、1～2年経つと、年長組に次いで、見てほしいのは「年少組」になります。なぜなら、5歳児の先生方の「もっと早く気付いていれば…」という想いは「5歳になってから気付いても遅い」「そういえば、Eくんは入園児から、こんな傾向があった」「気付いたときに、保護者に声をかけていれば、年長になって突然言われるより保護者も受け入れやすいかもしれない」「3歳児健診をこれから受ける子どもも多い。健診で、保護者が困り感を相談できるように働きかけたい」という想いへと広がっていくからです。

　一方で、保護者は「まだ3歳なのに何がわかるの？」という方

● 図表5−2　3歳児クラスの先生と保護者の気持ち

も多いので、担任と保護者の想いは一致していないことの方が多いです。

　年少組は、集団生活が初めての子どもも多く、保育者も気になる面が、経験不足から来るものなのか、性格の問題なのか、育ちの問題なのか、それとも何か発達に問題があるのか、と悩みながらも手立てを見出せないまま、現場の対応に追われて一日が終わってしまうことの繰り返し、ということも珍しくありません。また、入園して間もない時期で保護者との信頼関係を築けておらず、子どもの「気になる」面を伝えるのが難しいと感じる保育者もいます。実際、数か月様子を見ていたら落ちついてくる子どももいますが、反対に、入園時は気にならなかったのに、数か月後から気になる面が出てくる子どもなどもいます。
　そんな子どもたちに、カウンセラーが関わることで園では、下記のような変化が見られるようになりました。

- 発達の問題を抱えているかどうかに関係なく、気になる面への具体的な手立てを知ることができる。
- 保護者相談に繋がったことで、家での保護者のかかわり方が変わり、子どもにいい影響を与える。
- 療育などの専門機関に繋がった子どもは、園でも落ち着いた姿を見せるようになる。
- 療育などの専門機関に繋がったことで、子どもが園や家庭でできるようになることが増える。

　「支援が必要かどうかは、年少組からわかる子はわかるんだ」「発達の問題があってもなくても、気になる子への支援はあった

方がいいのだ」ということを学び、学級の中で実践され、年中組へと見送ることができます。

　ただし、年少組の保護者の事情は少し違います。「早く教えてもらってよかった」「私の育て方が悪いからだと思っていたけれど、発達の問題とわかり気持ちが楽になった」「適切な支援に繋がってよかった」と肯定的な気持ちを持ってくれる保護者もいる一方で、「まだ小さいのでもう少し様子を見たい」「身内に同じタイプがいるので、遺伝（性格）だと思う」「家では何も困っていない。先生のかかわり方が悪いのでは」という気持ちを持たれる方もいます。このようなとき、カウンセラーは無理に介入せず、保護者の想いを尊重し、園との信頼関係を壊さないように努めます。保護者の想いを受け止めた上で、「卒園まで私たちも一緒に見守らせてもらう」こと、「もし今後気になることが出てきたときは、いつでも先生に相談したりカウンセラーとの相談を希望してほしい」こと、「私たちもまた、気になることがあれば声をかけさせていただく」ことを伝え、年中組へと繋いでいきます。

3　導入後2〜3年 〜見てほしいのは年中組〜

　年少組でカウンセラーが関わった子どもたちが、適切な対応で成長したり、支援に繋がれていると、年中組でも落ち着いた姿は見られるようになります。しかし、中には「年少では気にならなかったのに、年中になってから気になる面が出てきた」「年少の時は『少し気になっていた』けど、年中になって『やはり気になる』」子どもが出てきたりします。先生は「来年、年長になるのにこのままで大丈夫かな」という想いを持ち、カウンセラーの相談

に繋がってきます。

　年中組は、対人（お友達）関係や遊び方、制作などの活動、運動会や生活発表会等の行事を通して、その子の困り感が目立ってくる時期です。

　年少で「初めてばかりの経験」を1年かけて体験しているため、2年目は比較的スムーズに取り組める子どもが多い中、粗大運動や微細運動の苦手さや、いつもと違う場面や場所に、過剰な緊張や不安を見せる子どもが気になるようになります。

　そんな子どもたちに、カウンセラーが関わることで、下記のことを知り、実践できるようになっていきます。

● 図表5-3　4歳児クラスの先生と保護者の気持ち

- 非ルーティンな場面や状況での配慮や対応
- 対人関係におけるトラブル時の適切な介入の仕方
- どこまでが頑張らせてよくて、どこからがサポートが必要か
- サポートが必要な場合、どのような方法があるか

そして、必要であれば、保護者相談に繋いだり、療育などの外部資源に繋げ、年長組に送り出すことができます。

 ## 4 導入後3〜4年 〜見てほしいのは年少組（新入園児）〜

カウンセラーを導入して3〜4年が経った園は、園全体が落ち着いた雰囲気になっています。年少組でカウンセラーが介入した「気になる子」は年長組になっており、保育者もカウンセラー導入前の年長組との違いを実感できるようになります。

この頃には、「まず年度始めに年少組（新入園児）を見る」流れが定着しています。特に2歳児からのプレ保育で「気になる子」を把握している園は、入園時にしっかり介入することができます。その後は、学年が上がったときや行事の前後にしんどそうな子どもたちを見つけその原因を探ったり、すでに支援に繋がっている子どもたちの発達をさらに促すには園でどのようなことができるか、など保育者とカウンセラーの協働がより活発になっていきます。

カウンセラーの介入で、保育者と保護者が共通の理解で子どもを支援することができる安心感、「困り感を見つけたらこんな風

に対応すればいいのだな」と自分たちで問題を解決できる自信、また「自分たちで対応できないときはカウンセラーに相談してみよう」という、チームワークができ始めていきます。

　たとえ、「診断」がついていなくても、適切な支援に繋がった子は、落ち着いた姿を見せるようになりますので、どの学級も毎日の活動に落ち着いて取り組めるようになっていきます。

　保育者一人ひとりの中にも、変化が起きています。

- 「気になる」子への対応は、「ちょっと気になる」子にも有効なこと
- 普段は気にならない子にも、部分部分での配慮は必要としているらしいこと
- 「不器用な子」「運動が苦手な子」という理解から「運動発達にしんどさを抱えているのでは」という見方
- 「わがまま」「愛情不足」「注目を浴びたい子」だと思っていたけれど「まったく違う理由から来ている行動かもしれない」という見方

など、「気になっていた子」への理解が、他の子どもたちを見る目へと広がっていきます。

5　導入後4〜5年
〜経験が現場に還元され始める〜

　保育者の発達を見る視点が、子どもたちを通してどんどん磨かれていきます。保護者への声のかけ方も、カウンセラーの模倣で

はなく、保育者自身の言葉で伝えることができるようになっていきます。園での様子を保護者に伝えたり、保護者から家庭での様子を聞くときも、ポイントを押さえた会話ができるようになっています。例えば、保護者に「お家でも園でも活動の切り替えが難しいことを、3歳児健診の時に心理師（士）さんに相談してみてください」など具体的に伝えることができるようになっています。

　また、カウンセラーを通して支援に繋がっていった子どもたちが必要としていた支援を、全体の取組みの中に取り入れてもらえるようになっています。下記に一例を挙げています。

- 運動発達の大切さを理解し、リズム（さくら・さくらんぼリズムあそび）やリトミック、サーキットの取組みが始まる、増える。
- 食事の仕方、スプーンやフォーク、お箸の持ち方への指導が丁寧になる。
- 社会性を育むための遊びが増える。
- 気持ちや感情など、心の言葉を増やすための声かけをする。

　一人ひとりの保育者のこのような丁寧な取組みは、発達の凸凹のあるなしに関わらず、すべての子どもたちの健やかな成長に繋がっていきます。

　年長組では気になる子のほとんどが、必要な支援に繋がっているため、クラスは落ち着いています。幼稚園教育要領の「幼児期の終わりまでに育ってほしい姿」を確認しながら年長組らしい取組み、小学校に向けての準備にも取り組むことができます。

保護者の間でも「うちは、早くからカウンセラーに相談してよかった」「療育には行かせた方がいいよ」「気になることがあるなら、先生に相談してみれば？　先生がわからなかったら、カウンセラーの先生に繋いでくれるよ」などの、情報のやりとりが抵抗なく行われるようになり、園内でのよい循環が生まれていきます。

　幼稚園にカウンセラーを導入した年から5年目までを見てきました。ここまで来ると、もうカウンセラーは必要ないのではないかと思うこともありますが、毎年迎える新入園児から始まり、先生方の日頃の子どもたちへの観察力も鋭くなっていくので「相談したい子」がゼロになることはありません。カウンセラーも現場のレベルに合わせなければと、日々、研鑽しています。例えば、各都道府県の公認心理師協会、臨床心理士会では、年数回、定期的に研修会が開催されていますが、キンダーカウンセラー事業を行っている関西の臨床心理士会の子育て支援部門では、保育臨床、乳幼児期のアセスメント、コンサルテーションについての研修や、幼稚園における保育と現在の状況や地域の連携先の専門機関について、また、外部から小児精神科医や作業療法士、言語聴覚士などを招いた近接領域について学ぶ研修会など、現場のニーズに合わせたテーマが毎年、企画・実施されています。キンダーカウンセラーの活動条件に、これらの研修会への参加を「年〇回以上」など設定している臨床心理士会もあります。

Ⅱ 保育所や認定こども園の場合

　保育所の場合も、導入から2年目くらいまでは、幼稚園と同じ流れを辿りますが、幼稚園とは違い、0歳から預かっている子どもが多いこと、子どもに関わる一日の時間や期間も長いため、職員間の情報交換は、0歳児にさかのぼって行われるのが特徴です。出生時の状態や、ハイハイや初歩、初語、1歳半健診ではどうだったかなど、発達面についての情報量も多いため、職員間の情報交換も活発になります。

> 「私が0歳児の時の担任だったけど、ハイハイの時期が短かった」
> 「そういえば、言葉が出るのがゆっくりだった」
> 「偏食や、午睡のしづらさがあった」
> 「担任の顔を、なかなか覚えてくれなかった」

　上記のように、子どもがより低年齢の頃の様子が共有されるようになります。それまでに、カウンセラーの介入で療育などに繋がり、落ち着いていった子どもたちの姿を通して、「発達の気になる特徴は、早ければ0歳児から見られているかもしれない」という意識が共有されていきます。

　保護者対応についても、

> 「中には、子どもへの支援の必要性がなかなか伝わらない保

護者もいる」
「小さいころから、少しずつ伝えていけば、後々の担任の負担も減る」
「遅くとも5歳児クラスで伝わってくれれば、小学校へのハードルを下げてあげることができる」

と具体的にイメージができるようになり、そのための対応もより低年齢児クラスから始めることができます。

　保護者との関係についても、幼稚園よりも通所期間が長く、顔を合わせる機会も多いことから関係性がつくりやすいようです。また、保護者に関わってきた保育者の数が、幼稚園よりも多いのも特徴です。仮に、現在の担任がまだ保護者との関係づくりができていない段階でも、これまでに信頼関係を築けている保育者から保護者に園での「気になる姿」を伝える、というようなことも可能になります。

　例えば、乳児クラスではハイハイやお座りなどの運動面、指差しの有無から意思疎通に関する気がかりが出てくることがありますが、保護者との関係性がよければ「1歳半健診の時に、ハイハイをせずに座ったままお尻で移動していたことを伝えてください」「欲しいものがあるときの指差しはできますが、興味を持ったものを大人に伝えようとする指差しは出ていないのが気になる、と保育所の先生から言われている、と相談してみてください」など具体的な助言ができるようになります。

　他にも、家庭環境や親の養育態度、両親の職業や夫婦関係、兄弟姉妹関係、生活リズムや祖父母の有無、協力姿勢など、幼稚園だと把握することが難しい情報も得やすく、普段のかかわりも幼稚園よりも濃い傾向にあるように感じます。

図表5−4 学年関係なしの親心

保育所には、「巡回相談」を実施している市町村も多いと思いますが、必ずしも期待している領域の専門家ではなかったり、定期的な巡回ではなく継続性がなかったり、診断を受けていない「気になる子」の相談にはのってもらえないなど、自治体によって様々な運用をされています。幼稚園のカウンセラーと同様に、「外部から」「同じカウンセラー」が「定期的」「継続的」に、保育所で活動できる環境をつくることができれば、保育所には、幼稚園以上に高い効果と、よい循環を期待することができます。

Column 06

● 子どもたちとの雑談からわかること
〜お化粧をめぐるやりとりから〜

　筆者は、園を訪問するときは、動きやすくシンプルな服装で行くよう心掛けていますが、軽いお化粧と腕時計はして行きます。子どもたちが興味を持ちやすく、会話のきっかけになることが多いからです。お化粧であれば、「先生の口（唇）は、なぜ赤いの？」「お化粧してるからだよ」というようなやりとりから、わかることがたくさんあります。

　「あ、知ってる！　うちのお母さんも、時々お化粧してる！」などと答えられる子は、今話している話題を、自分の身近な出来事と繋げながら考える力が付いていることがわかります。
　「ふぅーん。」
で終わってしまう子には「あなたのお母さんは、お化粧しない？」と尋ねてみます。「する」「しない」「しらない」「わからない」など、どんな言葉をどんな雰囲気で返してくれるかで、理解力や語彙の豊富さ、社会性などがわかります。

　でも、重要なのはここから先です。「これは口紅っていうんだよ。かわいい？」などと返して「うん、かわいい！」と答えてくれる子は、これからの人生で、複雑なコミュニケーション能力が必要とされる場面、女子であれば将来、「ガールズトーク」にも苦労しない“雑談力”がありそうなことがわかります。
　筆者たちのやりとりを聞いて「なになにー？」「あ、私のママもお化粧してるよ！」「うちのお母さんはしなーい」「うちのママ

もしない。でも友達の結婚式に行くときなんかは、する！」など
と会話に入ってくる子も、雑談で不自由な思いをすることはなさ
そうです。

　一方で、会話には入ってくるものの「私も、お誕生日プレゼン
トにお化粧買ってもらった。子ども用の。お母さんが〇〇屋で買っ
てくれたの。それでね、誕生会のときにお兄ちゃんがねー…」と
話題をさらってしまう子は、お友達との間でも、同じような話し
方をしていないか、言葉のキャッチボールはできているかな、と
気になります。

　「全然似合ってない」と正直な感想を言ってくれる子どもには、
「えー、悲しいなぁ…」と、似合っていないと言われたときの相
手の「悲しい気持ち」を伝えてから「（少しがっかりした口調で）
そういう時はねー、嘘でもいいから似合ってるって言ってほしい
なー。そうしたら先生、嬉しいし、Mくん大好き！　もっと仲
良くなりたい！　って思うんだけどなぁ…。」という相手の心情
とともに、社交辞令的な会話の例を教えてみます。それを受けて、
お世辞であっても「かわいい！」と言い直してくれる子どもは、
これからも、相手を思いやる気持ちが育っていってくれそうです
し、失言することがあっても、大人がきちんと説明してやれば上
手く乗り切っていけそうです（「かわいい」と言い直してくれた
Mくんにはもちろん、「嬉しい、ありがとう！」と言われたとき
の相手の「嬉しい気持ち」を伝えます）。

　他にも、ニヤッとしながら「かわいくない！　かわいくない！」
とわざと言い続ける子ども。周りの友達に「かわいくないよなー！
なー！」と同意を求めてさらにその場を盛り上げようとする子ど

も。会話に入りたそうにしているけれど、入ってこない子ども。何も言わずその場を去ってしまう子ども。みんなが忘れた頃に、お化粧の話題で話しかけてくる子どもなど、挙げればきりがありません。皆さんなら、このような子どもたちをどのように理解し、どのように関わられるでしょうか。

　どのようなやりとりや様子も、その子どもを理解する大切な材料になりますが、中でも、大人になってから、対人関係の潤滑油の役割を果たしてくれる"雑談力"を、アセスメントできる機会は貴重です。雑談には「これくらいできたら安心、大丈夫」という基準がないだけに、そのスキルの程度を探ったり、大切さを教えるきっかけは、逃したくないものです。

第 **6** 章

事例からみる就学前施設での
カウンセリング

はじめに

　最後に、幼稚園のカウンセラーはどのような活動をしているのか、事例をもとに、子どものどのようなポイントを観察し、どのような「見立て」をし、どのような助言をしているのかを中心に紹介したいと思います。

　なお、事例は、筆者が就学前施設で対応した複数のエピソードをタイプごとに組み合わせた仮想事例で、特定の子どもや保育者を指すものではありません。

自己主張が強く、空気が読めない年長組のF子ちゃん

1つ目は、ある幼稚園で7月の初めに出会った、年長組のF子ちゃんのケースです。

1 保育者相談の内容

「F子ちゃんについて、相談したいことが2点ある。1点目は、クラスで浮いている感じがあること。入園時から自己主張が強い子ではあったが、年長組になってからは、空気の読めなさが目立ってきた。4月からG美ちゃんと一緒に遊ぶことが多いが、G美ちゃんに命令して従わせていることが多い。もともとおとなしいG美ちゃんだが最近はH恵ちゃんと気が合うようになり、F子ちゃんからの誘いを『今日はH恵ちゃんと遊ぶ約束をしている』と断ったことがあった。しかしF子ちゃんは『なぜ？ なぜ私と一緒に遊ばないの？』『いつも私と一緒に遊んでるじゃない！』『私と遊ぼうよ！』と引き下がらず、G美ちゃんを泣かせてしまったこともあった。このときは、担任が介入し、3人で遊ぶことも提案してみたが、F子ちゃんは『私はG美ちゃんと2人で遊びたい！』と最後は怒ってすねていた。2点目は、平仮名の練習をする取組みが苦手なこと。書き順を意識せずとにかく同じ形になったらいいという感じで書いている。絵を描くのはとても上手なので、書

字についても、自信を付けさせてあげたい。どちらも卒園までに何とかしてあげたいが、どのように関わればよいかわからないので、アドバイスが欲しい」

2 行動観察

　担任からのヒアリングを終えて、早速5歳児クラスに入りましたが、クラスに入ると、早速F子ちゃんはカウンセラーに近づいてきて「これ、なにー？」と言うなり、カウンセラーの髪からヘアクリップを奪い取りました。

　「しまった」と思ったのも後の祭り、カウンセラーはこの日、うっかりミスをしてしまっていたことに気付きました。いつもは身に着けているアクセサリーなどは、子どもにとって危険なものになりかねないため外してから保育室に入るのですが、この日は髪をまとめていたヘアクリップを外し忘れたままクラスに入っていました。

　F子ちゃんに奪い取られたヘアクリップ、誤って怪我でもされると困るので取り上げようかと思いましたが、年長組でもあるので見守っていれば危険はなさそうだと判断し、カウンセラーは、ヘアクリップを介してF子ちゃんとやりとりをしてみることにしました。

エピソード1

　教室に入るなりF子ちゃんに奪い取られたヘアクリップでしたが、F子ちゃんは初めて見るアクセサリーに目をキラキラさせて「これ、なに？」と聞いてきました。「これはね、こうやって（クリップ部分を開いて見せて）、髪に付けるんだよ」と説明して見せました。F子ちゃんは、カウンセラーの真似をして開こうとし

ますが、なかなかうまくいきません。

　そこに、しっかり系の女の子たちが「Ｆ子ちゃん、そんなことも
できないの？！」と割って入ってきました。「こんなの簡単じゃん、
ちょっと貸して！　ほら！」と、親指、人差し指と中指の３本を
使っていとも簡単にヘアクリップを開き、カウンセラーの髪に付け
てくれました。それを見ていた、他の女の子たちも「なになにー？」
「うわー、かわいい！」「私のお姉ちゃんも持ってるよ、これ！」
と次々とカウンセラーのヘアクリップを自分の髪に、お友達の髪
に、カウンセラーの髪に付けて遊び始めます。Ｆ子ちゃんは、何
も言わず、面白くなさそうな表情でうつむいてしまいました。

　皆が別の遊びを見つけて去っていった後、カウンセラーは、Ｆ子
ちゃんにもう少し丁寧な説明をしてみました。まず、親指側の３
本の指を立てて見せ「ここに、親指を当てるでしょ。こっちには、
人差し指と中指だよ。そして、『グイッ！』って、真ん中に向け
て力を入れるんだよ」と実際にやって見せました。

親指と人差し指、中指を当てて、中心に向けてグイッ！

そして「やってごらん？」とヘアクリップを渡しましたが、Ｆ子ちゃんは指の力が弱いのか、力を入れる方向がわからないのか、うまく開きません。カウンセラーは、「よし！　じゃあ全部の指を使って開いてみようか！」と、クリップ全体を握るようなかたちに変えて挑戦するように促しました。

全部の指を使ってギュッ！

　すると、写真のように今度はうまく開くことができました。Ｆ子ちゃんは、満面の笑みを浮かべて、その後、何度も何度も挑戦し、最後はカウンセラーの髪に、上手にヘアクリップを付けてくれました。

Ｆ子	：「これ、いいなー。かわいいなー」
カウンセラー	：「今度お母さんに言って買ってもらったら？　Ｆ子ちゃんにも絶対似合うと思うよ」
Ｆ子	：「でもお母さん、そんな高いものはダメって言うー」

カウンセラー：	「100円ショップにも売ってるから買ってく
	れるんじゃないかな？　先生からもお願いし
	ておくね」
F子：	「うん！」

■ エピソード2 ■

　自由遊びの時間になると、F子ちゃんは一番にお絵かきのコーナーに行き、自由帳に色鉛筆を使って絵を描き始めました。F子ちゃんが描いたのは、笑顔でウィンクをしているお姫様でした。飾りがいっぱい付いたドレスは、レースで縁取られ、足元にはヒールが付いた靴、手に持っているバッグには、宝石が散りばめられています。周りの子どもよりも、明らかに大人っぽい精巧な絵でした。ただ、色鉛筆を持つ指先には必要以上に力が入り、線を描くときは、肘から下を大きく動かすようにして描いていたのが印象的でした。色を塗るときも、線からはみ出すことなく、細部まできれいに塗りこむことができていましたが、このときも、手首を使えている感じはなく、肘から下を動かしながら器用に塗っていました。

■ エピソード3 ■

　昼食の前には、絵本の読み聞かせの時間がありました。5歳児クラスらしく、文字もたくさんある物語性のある絵本でした。F子ちゃんは、最初は背筋を伸ばしてみんなと同じように体育座りをし、絵本に注目していました。ですが、2分もすると、背中は丸くなり、顎を出した横座りの姿勢へと変わっていきました。

　担任がページをめくったとき、F子ちゃんは突然、絵本を指さ

して、大きな声で「さかさまだ！」と言いました。周りの子ども
は「またＦ子ちゃんが何か言ってる…」という雰囲気で反応しま
せん。Ｆ子ちゃんは「ほら、『ん・で・お』『ん・で・お』って書
いてある！」と、絵本の中で、お店の軒下にある暖簾の文字を読
みました。話の流れからも、お店の主人が外の主人公に話しかけ
る風景が描かれていたので、暖簾も裏側から見た絵が描かれてい
たのですが、Ｆ子ちゃんには絵を描く人が間違えたように見えた
ようです。Ｆ子ちゃんがあまりにもしつこく言うので、ある男の
子はボソッと「合ってるし」と言い、担任は「Ｆ子ちゃん、静かに」
と声をかけて本を読み進めました。みんなは絵本に集中していま
すが、Ｆ子ちゃんはその後も、「さかさまなのに…さかさまなの
に…まちがってるのに…」とぶつぶつと独り言のように言ってい
ました。

エピソード４

　給食の時間になりました。Ｆ
子ちゃんは、カウンセラーの予
想どおりお箸の持ち方も不器用
でした。三指握りはしているも

のの、手の指に力がこもっていて、手首も上手に使えないため、
ごはんもおかずも上手くつまめません。クロス箸になったり、

時々、食器に口をつけて食べる「犬食い」をしてしまうこともありました。

3 アセスメントと助言

(1) 空気が読めないことについて

保育者が気になっている「空気の読めなさ」の状況については、エピソード3で暖簾の裏側の文字を「さかさま」と指摘したときの周囲の反応から、日常的であることが伝わってきました。F子ちゃんは「さかさま」だという正しいことを言っているのに、なぜみんなが無視するのかがわからない様子でした。

F子ちゃんが暖簾の文字がさかさまだったことにこだわったのは、他者の視点や「もし〜だったら」という立場に立って物事を見たり、考えたりすることが苦手な発達の特徴から来るものだと思われます。途中で「（さかさまで）合ってる」と教えてくれる子どももいましたが、F子ちゃんにとって気付くきっかけにはならず「自分は正しいことを言ってるのに、なぜみんなは私の言うことに耳を傾けてくれないのか？」という気持ちを、おそらく今も持ち続けていると思います。今からでもいいので、F子ちゃんに理解できるように、説明をしてあげるのがよいと思います。「文字がさかさまなのは、暖簾をお店の中から見ているから」ということを説明し、それでもピンと来ていないようなら、薄手の紙に実際に文字を描いて、正面から、次に反対側に回らせて、見せて「あっ、そうか！」と納得できるような体験をさせてあげることができれば、最高の学びになると思います。

大人はよく、友達関係のトラブルに仲介するとき「相手の気持ちになって考えてみなさい（あなたも同じことをされたら嫌で

しょう）」という注意の仕方をしがちです。しかし、相手の立場に立って考えるのが苦手なF子ちゃんにとっては意味がわからないので、結果的に同じようなトラブルを繰り返してしまいます。そうしないためにも、先生が日頃から学級で心がけておられる「相手の気持ちを代弁する」かかわりが、特にF子ちゃんには「大切」です。「有効です」と言えないのは、すぐに理解できるようになるわけではないからです。理解できていないし効果がないように見えても、その都度、教え続けてあげてください。そのとき、F子ちゃんの気持ちにも共感してあげてください。例えば、「G美ちゃんと遊びたいのに、『なぜ今日は遊んでくれないの？！』って気持ちなんだよね［共感］。G美ちゃんは、今日はH恵ちゃんと遊びたいみたいだけど、F子ちゃんが嫌いになった訳じゃないんだよ。今日はH恵ちゃんと遊びたいんだって［代弁］。今、G美ちゃんに『じゃあまた明日は一緒に遊ぼうね』って言ったら、『うん』って言ってくれるかもしれないよ？」というような感じです。

　F子ちゃんのもうひとつの育ちのテーマとして、気持ちの切り替え（こだわりの強さへの介入）があります。G美ちゃんと遊ぶことをあきらめて別の遊びを始めることができたら「気持ちを切り替えたことが偉かった」という声かけもして、「切り替えられる＝よいこと」という意味付けをしていってあげてください。

(2)　書字について

　エピソード1、2、4から、F子ちゃんは、腕の運動発達に困難さを抱えていることが伺えました。特に手首から指先にかけての動きがぎこちなく、平仮名の練習がうまくいかないのは、そのためと思われます。

対応としては、エピソード1からわかるように、F子ちゃんが苦手なことに取り組むためには「1対1での丁寧な説明やかかわりが有効」でした。また「F子ちゃんに合ったやり方を提案する」と「成功するまで挑戦する」根気強さを持っていることもわかりました。苦手なことをあきらめず、チャレンジする気持ちを今後も持ち続けられるように、可能な範囲でよいので、個別対応でF子ちゃんの成功体験を増やしてあげてほしいです。「励ましに応じる」力や「成功体験を誇らしく思える」心もしっかり育っています。できたときの「やった！　嬉しい！」という気持ちには、特に共感し、嬉しい気持ちを人と共有することの喜びを体験させてあげてください。成功体験をすると「もっと頑張ろう（褒めてもらおう）」と「さらに上を目指した挑戦」ができるのも強みです。スモールステップで難しいことにも挑戦できるような機会をつくってあげてください。

　書字の練習については、結果よりも過程の大切さを教える、例えば、「早くきれいに書くのも大事だけど、書き順を守るのもかっこいい」と、スピードや形よりも書き順を意識することができたら褒める、というかかわり方をすることで、前述のF子ちゃんがすでに持っている力が生かされると思います。

　ただ、姿勢、鉛筆の使い方、お箸の持ち方、食事の仕方などを見ていると、単に姿勢の崩れを注意したり、手先の器用さを促すような取組みでは不十分かと思われます。小学校での勉強に支障が出てくる可能性もありますので、保護者にもきちんと伝え、できれば一度、専門機関で診てもらっておいた方がよいと思います。

(3)　その他

　周りの子どもたちに悪気がなくても、F子ちゃんは友達から傷

つけられる体験をしていたり、劣等感を感じることが多そうです。学級全体に「苦手なことは誰にでもある」「苦手なことを練習するのはいいこと」「頑張っている人は応援しよう」という雰囲気をつくることや、「結果ではなく取り組んだという姿勢」や「取組みの過程」を評価するようなかかわり方を増やすことは、有効と思われます。

4　保護者対応

　本事例では、保育者相談を実施しましたが、カウンセラーの見立ては、「保護者とも共有しながら、園と家庭、それぞれが同じ方向を向いて小学校に向けて取組みをするのがよさそう」というものでした。この後、保護者には、担任からF子ちゃんの様子やカウンセラーの助言を伝えてもらうことになりますが、「保護者の理解が得られそうか否か」「社会資源（相談機関や医療機関、児童発達支援事業所など）がある地域か否か」でF子ちゃんにしてあげられることは変わってきます。ここでは4つのパターンに分けて、考えてみます。

(1)　パターン①［保護者の理解が得られそうで、社会資源が多い地域の場合］

　担任から、F子ちゃんの園での困り感を保護者に伝えていただき、カウンセラーの見立てや日常の対応方法を共有してもらった上で、専門機関に相談に行くことでF子ちゃんの小学校進学へのハードルを低くしてあげられることを併せて伝えていただきます。紹介できる具体的な外部の機関は地域によって違いますが、その子の発達の特徴を知ることができる発達検査を受けられる発

達支援センターや児童相談所のほか、F子ちゃんの場合は、感覚統合療法を実施している専門機関の情報を、カウンセラーから担任経由で保護者に提供することになります。

(2)　パターン②［保護者の理解が得られそうだが、社会資源が少ない場合］

　担任から、F子ちゃんの園での困り感を保護者に伝えていただき、カウンセラーの見立てや日常の対応方法を共有してもらった上で、家庭や園で、無理なく実施できそうな取組みを紹介します。F子ちゃんの場合だと、以下のようなことがあるかと思います。

　食器に直接口をつけて食べる「犬食い」は、お行儀が悪いと言われていますが、この食べ方を放任すると、肩から下の運動機能はいつまでたっても発達しないままになってしまうため、お行儀として教えるのも理にかなっています。ただ、F子ちゃんは手首がまだきちんと使えていないため、カレーなどをスプーンで食べるとき、適量をすくえているか（不器用な子は量の調節が苦手なため、大量にすくい、口に押し込む）をまずは見てあげてください。それができていなければ、大人が適量をすくって見せて、「これぐらいの量だよ。できるかな」など、スモールステップで練習させてあげてください。スプーンですくったスープやプリンなど流動性がある食べ物を、こぼさず口に運べているか、お箸やスプーン、フォークを使えているように見えても、反対の手でおかずやご飯を乗せて口に運んでいないかも、見てあげてほしいポイントです。
　また、スプーンやフォークでハンバーグやコロッケ、煮魚

など軟らかい食材を切り分けるのも、手首の動きを必要とします。適量を切り分けてスプーンですくって（フォークで刺して）食べる、といったこともできていなければ、丁寧に指導してもらえるとありがたいです。ただ、先生も保護者も、食事中ずっとF子ちゃんのことを見ている訳にはいきませんので、毎食「いただきます」をした後の最初の3口だけは丁寧に食べる、5口までは先生や保護者も見てあげる、などして、子どもも大人も、お互いにストレスがないようにしてください。

　他にも、握って回すタイプのドアのノブを開ける、歯ブラシを三点持ちして歯磨きをする、砂場で型に砂をぎゅうぎゅうに詰めて「ポン！」とひっくり返す型抜き遊び、プリンやパック入り豆腐のようなシール状の蓋を開ける、シチューなどかき混ぜるのに抵抗がある（重く感じる）ものを玉杓子等で混ぜる、炊き立てのご飯を混ぜる、しゃもじで茶碗によそう、どれも手首が使えていないとうまくできません。こういったことを、大人が全部やってしまわず、手伝わせたり、日常の「当たり前の動き」を丁寧にさせたり、できるように付き合うことで、気になる面を育てていってあげてもらえればと思います。

(3)　パターン③［保護者の理解を得るのは難しいが、社会資源が多い場合］

　担任から、F子ちゃんの園での困り感を保護者に伝えていただき、「小学校へ送り出すことに向けて、園でもできることに取り組んでいきたいと思っている。お家でもできることがあるかもし

れないので、お母さんも一度、カウンセラーの先生に相談してみませんか」と保護者相談を提案してもらいます。保護者相談が実現し、保護者の理解を得られた場合は、カウンセラーから他機関を紹介します（**パターン①へ**）。カウンセラーから話しても保護者の理解を得られなかった場合は、**パターン②**の内容を園でのみ取り組んでもらうことになります。

⑷　パターン④［保護者の理解を得るのは難しく、社会資源も少ない場合］

　⑶と同様、担任から、Ｆ子ちゃんの園での困り感を保護者に伝えていただき、「小学校へ送り出すことに向けて、園でもできることに取り組んでいきたいと思っている。お家でもできることがあるかもしれないので、お母さんも一度、カウンセラーの先生に相談してみませんか」と保護者相談を提案してもらいます。保護者相談が実現し、保護者の理解を得られた場合は**パターン②**へ、カウンセラーから話しても保護者の理解を得られなかった場合は、**パターン②**の内容を園でのみ取り組んでもらうことになります。

5　後日談

　幸い、Ｆ子ちゃんの保護者は「これまで感じていたＦ子への違和感が理解できた」と話が早く、パターン①の対応ができました。カウンセラーとのヘアクリップのエピソードを聞き、早速Ｆ子ちゃんと一緒に100円ショップに買いに行ってくださったそうです。Ｆ子ちゃんはお家でお母さんの髪や自分の髪にヘアクリップを付けて楽しんでいるのだそうです。

　医療機関に繋がったＦ子ちゃんは、発達性協調運動障害と、の

ちに自閉スペクトラム症の診断がつきました。診断された時期が年長の冬だったため、療育には間に合いませんでしたが、感覚統合療法は月1回受けられることになりました。そこはＦ子ちゃんにとって、楽しみながら自信を付ける場になったのでしょう、園での笑顔も増えていった頃に卒園となりました。小学校では、書字に苦労しているものの、放課後ディにも通い、得意の絵を通して友達ができたということです。

　Ｆ子ちゃんは、認知面に問題がなく、むしろ年齢相応以上だったため乳幼児健診でも気付かれず、対人関係が複雑になる年長組になって、集団で「気になる」姿が目立ってきたと思われます。家庭ではそこまでの困り感はなかったようですが、「早くわかってよかった。年長の担任の先生が気付いてくれなかったら、もっと支援が遅れていた」と保護者からも感謝されたということです。

　事例1では、保護者対応を4つのパターンで見てきましたが、いずれも「担任からＦ子ちゃんの園での困り感を保護者に伝えてもらう」ことから始まっています。保護者自身が大きな問題を抱えている場合などは別ですが、園が感じた「気になる姿」を、保護者に知ってもらうことは大切です。今は理解してもらえなくても、将来、その子にしんどさが出てきたときに「そういえば幼稚園の担任の先生が言ってくれていたな」と思い出してもらうことができたなら、そこから先の支援に役立つことは間違いありません。

事例2　視覚支援をしても効果がない年少組のＪ夫くん

　保育者や保護者から「発達に偏りがある子によいと言われている方法を試しても、効果がない」という相談を受けることがあります。褒めているのに効果がない、タイマーを使っているのに効果がない、絵カードを示しても効果がない…など、一般的に「よい」とされている対応が通用しない子がいるのはなぜでしょうか。ここでは7月上旬の訪問の際、保育者から相談があった年少組のＪ夫くんの事例を取り上げます。

1　保育者相談の内容

　「新入園児のＪ夫くんは、立ち歩きが多く、友達からおもちゃを奪ったり、椅子の上に立ち上がったり、『してほしくないこと』をよくする。保護者から『乳幼児健診で発達が少しゆっくりだと言われている。言葉で伝えるより絵カードなどを添えて説明するのがよいと言われている』と聞いているので、早速、○と×の絵カードを作り、注意するときに示すが止めてくれない。腕で大きくバツをつくって示しても、してほしくないことをし続ける。普段大人が言うことは理解しているので、わかっているのにわざとしているように思う。先輩保育士に『構ってほしいのでは』と言われ、いろいろな方法で関わってみるが、すぐにどこかに行って

しまう。絵カードの効果がないことは家庭でも同じで、保護者も困っておられる」

2 行動観察

エピソード1

　保育室での様子を観察したところ、設定保育中は確かに立ち歩くことが多く、椅子にじっと座っている時間が短いです。しかし、その都度、J夫くんなりに理由があり、窓の向こうの道路を走る車、廊下を通った園長先生、園のエントランスにあるしかけ時計の音、給食を配達するトラックの到着など、気になる「何か」が目に入ったり聞こえたりすると見に行ってしまうという感じです。じっと座っていられた時間もありました。絵本の読み聞かせと、手遊びの時間です。絵本や先生の動作に目を輝かせながら注目し、取り組んでいました。

エピソード2

　カウンセラーが「おはよう」と話しかけるとニコニコ笑顔で「おはよう」と返してくれます。続いて「お名前は？」と尋ねると「J夫くん」と答えてくれたので「J夫くんは、なにJ夫くんっていうの？」と尋ねてみましたが、それには答えず目を逸らし「あっ！　あっ！」と窓の外を通った車を指さして見に行きます。カウンセラーはJ夫くんの隣に行き「車が走ってるね。白い車だったね」と言うとJ夫くんは「しろ！　くろ！　またしろ！　イェロォゥ！　しろ！　ゥレェード！」と発音よく、通る車の色を正確に言うことができますが、視線はずっと窓の外で、カウン

セラーに教えてくれているというよりは、前を通った車の色をつぶやいているという感じです。カウンセラーは「イエローじゃなくてイェロォゥかぁ。英語、上手だね」と話しかけてみましたが、J夫くんからの反応はありませんでした。

┊ エピソード3 ┊

　J夫くんが手洗い、うがいをするとき、蛇口をなかなか上手く捻ることができなかったため「むつかしいね」「できないね」、(カウンセラーが蛇口を少し緩めてあげて) 捻って水を出すことができたら (笑顔でやや大げさな口調で)「できたね！」「やったね！」、蛇口を閉めるときも「できないね」「もっとギュって閉めないとダメかな」、水を止めることができたら (再び笑顔でやや大げさな口調で)、「できたね！」「上手！」などと声をかけながら関わってみました。J夫くんは、カウンセラーの反応を見ながら、何度も蛇口を出したり、閉めたりして「できた」ときは笑顔を見せてくれました。

┃ 3　アセスメントと助言

(1)　乳幼児健診でのアドバイスについて

　乳幼児健診で言われた「発達が少しゆっくり」「言葉で伝えるより絵カードなどを添えて説明するのがよい」は、今日の観察からも見てとれました。エピソード2より、挨拶などのパターンが決まったやりとりはできるものの、氏名を尋ねても名前だけを、普段呼ばれているままの「君づけ」で答えたり、発する言葉も単語が中心で、二語文や三語文での会話は難しく、月齢に求められる応答より幼い印象です。またエピソード1より、J夫くんが立

ち歩くときは、視界に入ってきたものに関心を持ったときが多かったこと、注目できる「本」や先生の「動き（お手本）」がある活動には集中して取り組めていたことからも、やはり視覚的な情報は入ってきやすいという特徴を持っているようです。

(2) 視覚支援の効果がないことについて

　言葉について、"物"や"色"の名前は正確に覚えているため、他の様々なことも理解していると思われがちですが、例えば目に見えない（見て確認することができない）抽象的な言葉や、動きを表す言葉などにはあまり関心がなく、身に付いていないようです。いくら絵カードや腕で×をつくって示しても「ダメ＝してはいけないこと」という繋がりが理解できていないのだと思われます。

　エピソード3で、カウンセラーが「できた―できない」という対の言葉で関わってみたところ、「できた」ときは嬉しそうに笑顔で応えてくれました。水が止まるか止まらないか、と目に見える現象があったため、「成功（できた）」と「失敗（できない）」という言葉が結び付きやすかったのでしょう。まずはこういった日常の遊びや生活の中の出来事を通して、「できたね！　まる！（笑顔で、両手で○をつくるジェスチャー）」「できないねー。（がっかりした表情で、両手で×のジェスチャー）」などのかかわりをしながら反対の概念を広げていき、「よいこと―悪いこと（してはいけないこと）」という日常の出来事に繋げる段階が必要です。

　この「よい」と「悪い」が理解できるまで、してほしくないことをしたときは「それは○○ちゃんの」「椅子には立たずに座ろうね」など声をかけながらしてほしい行動に誘ったり、危険なこ

とであればその場から遠ざけるなど、物理的に環境を変えることで回避する方法をとるのがよいと思います。

　担任は「視覚支援以前の問題だったのですね」と腑に落ちてくれたようでした。カウンセラーは、園では可能な範囲でしてもらえればよいこと、また保護者とも共有して家庭でも同様のかかわりを心がけてみてほしいということを伝えました。

(3)　その他

　担任は、カウンセラーが名前を尋ね「J夫くん」と答えてくれた後のカウンセラーの「上の名前」を問う質問に応じてくれなかったときの様子について、「よくするんです、ああいうごまかし方。朝の会では氏名を呼ばれると返事をするので、知らないはずはないんですけど…」と認識されていました。確かに、色の名前など、単語を記憶するのは得意なことを思うと「上の名前」を答えられないことは、不思議に思えます。ただ、J夫くんは、氏名を相手に教えることで交流することの意味がまだよくわかっていないので、「上の名前」を知識としては持っていても、彼の中での関心や重要度がまだ低く、日常的なことに繋がっていないのかもしれません。あの時のJ夫くんの様子からは「質問の意味がわからない、でもカウンセラーの働きかけには応えたい」という思いが「自分の関心がある外の車を指さす」という行動に繋がったように見えました。このように、人からの働きかけに応えたいという気持ちがしっかり育っているのは、J夫くんの強みでもあります。いったんは「ごまかし」にのり、J夫くんの興味関心があることを通して相手と「楽しく関わる」「仲良くなる」ことをたくさん経験するのが必要な発達段階と言えそうです。

　エピソード1で、カウンセラーにはまったく聞こえなかった、

園のエントランスのしかけ時計の音を聞いて見に行ったことから「耳はかなりよさそう」です。今日は、好きな音に対する敏感な様子が見られましたが、嫌な音、苦手な音に対しても、敏感さを示すことがあるかもしれませんので、今後見守っていく必要がありそうです。例えば、元気な合唱の声が苦手な子どもの場合、教室を出て行く、両手で耳を塞ぐ、「うるさい！」と言うなど、周囲には理解できない行動を突然することがあります。そういった行動に気付いたときは、またカウンセラーに教えてください。

　担任の話より、色の名前を発音のよい英語で言うのは、よく家でお気に入りの英語視聴覚教材を観ているからだということがわかりました。よい発音ができるのは、彼の強みには違いないのですが「よすぎてお友達に理解してもらえない」という、対人関係の築きづらさに繋がりかねません。「イェロォゥ、黄色ね」「ゥレェード、赤だね」など、日本語も一緒に繰り返してあげることで、両方、覚えていけるように関わるのがよいと思います。

4　後日談

　2か月後の訪問日、年少組のカウンセリングは入っていませんでしたが、朝、年少組に立ち寄ったとき、お帳面に出席のシールを貼って「できた！」と笑顔で担任に見せに行く姿が見られました。また、担任からは、あの後、他の保育者ともJ夫くんの育ちの状況と、かかわり方についての方針を共有したこと、"ダメ"は本当に危険なときや止めてほしいときだけ言っていること、「ダメ」と言って止められたり、我慢ができることはまだまだ少ないが、葛藤する姿が見られるようになってきたので成長していると思う、という報告がありました。そして、保護者からは「視

覚支援は意味がないと思っていたけれど、できたとき、自分で「まる！（ジェスチャー付き）」と言ったり、こちらが褒めたときの反応も以前とは違う（誇らしげな表情をする）ので、通じている感じがするようになった」と聞いている、という報告もありました。

　Ｊ夫くんのように、一般的に効果があると言われている方法が通用しない子ども、何度注意や説明をしてもできるようにならない子ども、わかっているのにしない（と大人からは見える）子どもたちも、発達を丁寧に見立てると「その前に、育ててあげないといけない段階があることがわかった」というのは、決して珍いことではありません。

困った先生？ ０歳児クラスのK介 くんにイライラを隠せない保育士

　最後の事例では、保育所の０歳児クラスでのカウンセリング活動を紹介します。０歳と言うと、「そんなに小さいうちから、何がわかるの？」「まだ０歳なら様子を見てもよいのでは」、また、「（乳児クラスには保育士数がもともと多く）加配が付くわけではないから」などの理由で巡回相談等にも挙がりにくい傾向がありますが、中には、このようなかたちでカウンセラーを活用している施設もあるという一例です。

　この日、依頼があった０歳児クラスの、Ｋ介くんの担当保育士Ｌ太先生は、保育士になって数年目の若くて元気な男性の先生です。Ｌ太先生は、生後8か月のＫ介くんが「寝てくれない」ことに悩まれていました。

▌ 1 保育者相談の内容

　「睡眠が不安定で寝つきがとても悪い。担当保育士が抱っこしていると眠るが、布団に下ろすときに起きてしまう。布団に下ろせるようになったのはつい最近だが、熟睡はしてくれず、数十分ごとに起きて、泣いてぐずる。トントンすることで再入眠できるようになってはきている。遊んでいるときに突然泣き出すこともあり、きっかけや理由がわかりにくい。最近、ハイハイができる

ようになったが、ずり這いはしなかった。睡眠については家でも同じで、保護者も困っているが、1人目だから『子どもはこんなもの』と思っておられるところがある」

2 行動観察

エピソード1

　カウンセラーがK介くんの隣に座り、抱っこをするとK介くんは床に足を付けて突っ張り、ジャンピングをします。足の力は非常に強く、何度試しても普通に抱っこをさせてくれません。カウンセラーは立ち上がって抱っこしてみましたが、K介くんは体を預けてくれず、バランスの取り方も安定しないため、抱いているのが辛くなるほどでした。

エピソード2

　食事の際は、担当保育士が口元に運ぶものに反射的に口を開けて、ひたすら食べていました。カウンセラーは横から「まんまだね」「おいしいね」と話しかけてみましたが、反応はありません。
　食べている間中、視線は絶えずキョロキョロと、関心があるものを見ています。部屋から出入りする保育士、メモをとっているカウンセラーのボールペン、近くを歩いた保育士へと視線が移り変わります。食欲は旺盛で、すべて食べた終えた後も、哺乳瓶に入ったミルクを見ると欲しがって、飲み干してしまいました。

エピソード3

　K介くんはミルクを飲み終えると、眠ってしまいました。保育

者の腕の中にいるときはスースーと寝息を立てて寝ているのですが、布団に下ろそうとしたとたん、ぐずって起きてしまいます。再び抱っこして、ゆらゆら、を繰り返し、十数分かけて、ようやく布団に寝かしつけることができました。

　寝ている姿は大の字状で、身体が完全に開き切ったまま眠っているのが特徴的でした。目は半開きでずっと眼球が動いているのが見えており、眠りは浅そうな印象でした。午睡中、身体の向きを変えたり、寝返りをうつ姿は一度も見られませんでした。

　他の児の泣き声や、物音がすると、モロー反射のようにびくっとして手足を開き、「えーん」と泣き声を上げます。保育者がとんできてトントンして寝かしつけますが、また15分も間を空けずに、物音にビクっと反応して「えーん」、保育士が「トントン」という状況が、2時間半の午睡の間に何度も見られました。瞼が完全に閉じて熟睡できたのは、入眠して90分たってからでしたが、他の児と比べても睡眠の質は、悪そうなことがわかりました。

┊ エピソード4 ┊

　給食の時間、カウンセラーはK介くんと机の角を挟んで座り、観察していましたが、カウンセラーを意識してくれることはなく、人への興味関心が薄いのは明らかでした。

　自由遊びの時には、コチョコチョをして関わってみましたが、K介くんは嫌がり身をよじらせるものの、「何かわからないけど不快な感覚」から逃げているような感じでした。

　午睡から目覚めた後の、自由遊びの時間は、ハイハイで行きたいところをウロウロしています。カウンセラーが、玩具を見せても無関心でした。

　L太先生が（他の児の）ミルクの準備をしていると、自分は飲

んだ直後にもかかわらず、L太先生の足にしがみつく姿が見られました。L太先生は「これはダメ！　K介くんはもう飲んだ！」と答えていましたが、K介くんはミルクがもらえずに泣いてしまいました。

3　アセスメントと助言

　0歳児クラスは給食後、半分以上の子どもが午睡に入ったため、午睡組は補助の先生に任せ、保育室内で0歳児クラスの保育士全員参加でコンサルテーションを持つことができました。

(1)　担当保育士への労い
　最初にカウンセラーの口から出てきた言葉は、「関わっていても虚しい感じがしました」でした。「K介くんは、抱っこするときも身体を預けてくれず、話しかけても反応が薄いため、私はとても虚しい気持ちになりました。何とか関わろうと努力しても、思ったような反応が返ってこないんです。きっとL太先生や、もしかするとお母さんも、いつもこんな思いをされているのかもしれないなと思いました。また、他の子どもに比べて、眠りが極端に浅いK介くんに毎日付き合う大変さは、4時間しか一緒にいなかった私にもわかりました。私なら、すぐに音を上げてしまいそうです」と伝えると、いつも元気なL太先生が涙ぐんでしまわれました。

(2)　関係性のつくりづらさについて
　保育者相談の主訴は、眠りの問題でしたが、カウンセラーが最も気になったのは、人との繋がり感の薄さでした。エピソード1、

2、4からK介くんは抱っこをされてもカウンセラーには興味が
なく、ただ自分がしたい動きを繰り返していました。くすぐって
も、不快な感じを避けるだけで"この人"に不快なことをされて
いる、という因果関係は見出せていません。他の子どもは、声を
上げて笑ったり、「またしてくれるかな」と期待するような姿を
見せますが、K介くんにはそれがありません。普通に接していて
は、対人関係（二項関係）が育ちにくいタイプと思われます。

(3) 「見立て」をあえて「診断名」で伝える

　「カウンセラーは心理師（士）で医者ではないので、これは診
断ではなく『見立て』ですが」と前置きをした上で、「K介くん
は自閉スペクトラム症の可能性があると思います。抱っこをして
も、通じ合う感じがしませんし、視線を合わせた共感的なやりと
りもできません。ミルクや食事も『先生が食べさせてくれている』
と理解できているかは疑問で、今はまだ、自動的に口に入ってく
るものと認識していそうです。カウンセラーの見立てを保護者に
そのまま伝えることは慎重に（状況に応じて、園の責任で）お願
いしたいのですが、少なくとも、先生方は、K介くんは自閉スペ
クトラム症の疑いがある、ということを共通の認識にして関わっ
ていただけるとありがたいです。K介くんがすくすく育つために
は、周りの大人のかかわり方に、工夫が必要だからです。自閉ス
ペクトラム症でなかったとしても、今のK介くんに必要なかかわ
りは同じです」とカウンセラーの見立てと、以下のかかわり方の
工夫を伝えました。

①　かかわり方の工夫1 〜対人面の育ちを促す〜

　まずは「人を意識できるようになる」ことが大切です。例えば、

「哺乳瓶を見て反応する」のではなく、「ミルクを飲ませてくれるのはL太先生」と認識できるようになる、などです。「自分が欲しいものを提供してくれるのは『この人』」と認識できるように、他の先生方も、たくさんK介くんに働きかけて、少しでも多く人と交流する体験を提供してあげてください。

　まだ少し先になりますが、「このミルクはK介くんの。あのミルクは○○ちゃんの」と、他の子どもの存在を教えていくような段階も、ゆくゆくは必要になってきます。多くの子どもは、わざわざ教えなくても自然に理解していってくれることですが、K介くんには、このような工夫をしながら理解を育ててあげる必要があります。

②　かかわり方の工夫2 ～運動面の育ちを促す～

　若くて体力があるL太先生だからこそお願いできることですが、「高い高い」や、お腹を支えて水平にしてゆする「飛行機」、ひざに座らせたときに、ゆらゆら揺すってバランスを取らせる遊びなど、「L太先生と」できる（この人がこの遊びをしてくれる人、とK介くんの中で繋がっていくような）体をつかった遊びをたくさんしてあげてほしいです。あおむけに寝かせて両足で「ちょーち、ちょーち、あわわ」をするような、いわゆる赤ちゃん体操のようなものもよいので、体を動かす遊びをたくさんして発達を促してあげてください。

(4)　寝かせ方についての提案

　発達の問題を抱える子どもには、眠りの問題を抱えている子どもが多いことが知られています。エピソード3より、K介くんは、眠りが浅い上に、聴覚過敏もありそうなので、些細な音にも敏感

に反応してしょっちゅう起きてしまう、という状況になっているようです。とはいえ、質のいい睡眠をとることは、脳の発達にも重要です。可能ならば、家庭でも保育所でも、静かな音の刺激が少ない場所で寝かせてみることを試してみてください。

　保育所で、今のようにK介くんの中途覚醒にL太先生がとんでいって「トントン」することで対応するのであれば、L太先生の負担は相当だと思います。他の業務を調整するなど、クラスでも工夫が必要かもしれません。

(5)　医療機関へのリファーについて

　保護者も睡眠についての対応に困っておられるという状況から、早めに専門機関への受診を促してもよいと思います。まだ小さいので「様子を見ましょう」ということになるかもしれませんが、少なくともお母さんも保育所も困っている眠りの問題について、一緒に考えてもらえるはずです。もし、お母さんも抱っこのしづらさなど、かかわりづらさを感じておられるのなら、対人面の育ちについても、相談してほしいです。他にも、カウンセラーからの指摘として「些細な音にも非常に敏感であること、そのとき、モロー反射のような反応をして泣きながら起きてしまうこと、身体が開きっぱなしで閉じる動きが見られないこと、コチョコチョへの反応が鈍いこと」を、保護者から伝えてもらうか、保護者の了解が得られて保育所が連携できるのであれば、保育所から情報を提供してください。

■ 4　後日談

　カウンセラーから見ても、かかわりづらく、手のかかるK介く

ん。観察時間中は、カウンセラーにもL太先生のイライラする気持ちが伝わってきました。入眠時のトントンの力がだんだん強くなり「パンパン」になっていったり、「ダメ！」と強い声で叱る様子が気になりました。

　後日、所長と話す機会がありました。「実はクラスの先生全員が、L太先生を心配して、できるだけ担当を超えてフォローするようにしていた。しかしそれにも限界を感じ、カウンセラーへの相談をL太先生に勧めた」とのことでした。保育者相談を通して、L太先生がK介くんのことを「発達障害の可能性があるから、こんなにかかわりづらいのか」と理解されてからは、心にゆとりができたのか、かかわり方が変わっていったそうです。所長は「発達障害の可能性のことを、はっきり伝えてもらってよかった。私たちは専門家じゃないから、そうかもしれないと思っていても言えないから」と話されました。

　また、保護者に対しL太先生は、カウンセラーの「関わっていて虚しい感じ」という言葉を使い、「自分はそう感じることがあるのだが、お母さんはどうですか？」と伝えてみたのだそうです。お母さんは「私もそう感じていたけれど、そんなことを思う自分は母親失格だと思って誰にも言えずにいた。おばあちゃんからは、『この子はちょっとおかしいんじゃないか、こんな子見たことがない』と言われていたが、子どもってこんなものなんだと思っていた、思いたかった」と涙されたのだそうです。

　「『困った子』は『困っている子』。その困り感を理解して対応することが大切」という理解は、一般的になってきましたが、これは大人にも当てはまることがあります。K介くんの状態を知らない保育者や保護者がL太先生の「ダメ！」と強い口調で子ども

を叱る姿や、午睡時に背中を優しく「トントン」ではなくイライラを何とか押さえながら「パンパン」している姿を見ると、L太先生は「困った先生」にしか見えません。でも実際には、L太先生は「困っている先生」でした。保育者相談を通して、L太先生の困り感が学年担任だけでなく、園全体で共有されたことは、L太先生のためだけでなく、これからのK介くんの保育所生活にとってもよかったのではないかと思います。

「気になる子」もつい参加したくなる遊びの紹介

　他児との関係づくりが難しい「気になる子」。対人トラブルが多い、落ち着きがない、乱暴、ルール違反をする、空気が読めない、お友達と遊ばず大人にくっついてばかりいる子など、先生方はみんなと一緒に楽しく遊べるようになってほしいと手を変え品を変え、働きかけておられるのではないかと思います。

　第3章Ⅰ「7　相談例を通して理解する」の相談例に出てきたAくんも、家にいとこが遊びに来ても一緒に遊ぶわけでもなく、園でもみんなの輪の中にはいるものの、一人遊びを楽しんでいました。

> 「本人は悩んでいないのだから、そのままでもよい」
> 「その子の持つ世界を大事にしてあげたい」

　上記のような理解の仕方もありますが、せっかく幼稚園や保育所という集団生活の場で一日の大半を過ごすのですから「みんなと一緒に遊ぶ楽しさ」を、知ってほしいですし、知ったからといって損することもないでしょう。

　私たち支援者はつい、一人遊びをしがちな子どもや、お友達をつくるのが苦手な子どもを見ると「まずその子の好きな遊びを見つけてあげて、担任と2人で遊び、それを友達と一緒に遊べるよ

うにして、世界を広げていってあげてください」というようなアドバイスをしてしまうことがあるのですが、実際、日々の保育の中で先生が1人の子どもにそこまで丁寧に関わるのは難しいことも知っています。

　筆者は、他児との関係づくりが気になる子がいたら、自由時間に「気になる子」をこの遊びに誘ってみます。

　わらべうたの「なべなべそこぬけ」です（172 ～ 173ページの図表6－1）。

　なぜこの遊びなのか。
　次のことを意識しないとできないからです。

①　人と関わる

　2人1組でする遊びなので、誰かとペアにならないとできません。お友達と遊ぶのが苦手な子は、まずは大人と組みましょう。

②　相手に合わせた動き

　歌をうたう、手をふる、手を繋いだまま回る、という動きで、相手にテンポを合わせる必要があります。成功させるには協力し合わざるを得ません。自己中心的な動きをしていては成功しません。

③　力の入れ加減

　手を繋ぐときの握り加減、手の振り加減、回り方など、力加減が苦手な子は、手をギュッと強く握りすぎたり、繋いでいる手を「ゆらゆら」ではなく、ブンブン振ったり、回るときも相手に配慮することなく力強く回ります。例えば、ブンブン振ろ

うとしたときに「痛い痛い。もう少し優しくできる？」と言って加減をしてくれたら、「そうそう、それくらい！　それなら先生、痛くないよ」などの声かけで、程よい加減を伝えていきます。力加減が苦手なのが、固有感という感覚の問題を抱えていることから来ているのだとすると、「わざと」しているのではないので、叱らず「加減を教える」というスタンスで関わります。力加減ができることは、無意識にしていたことを「意識してコントロール」できたということなので、賞賛に値します。できて当たり前と思わず、「優しくしてくれてありがとう」など、できたことへのプラスの声かけをしてあげてください。

④　相手の気持ち、行動（相手がどうしたいか）を推測する

歌をうたいながら回る動きをしますが、どちらの方向から回るのか、またそのタイミングを見計らう必要があります。

⑤　視覚情報なし！　感覚と雰囲気で相手を意識する

復路はもっと大変です。背中合わせになっているので、相手の動きを目で見ることができません。雰囲気だけが頼りです。回るときは、雰囲気から想像して相手の動きを読まなければ成功しません。

⑥　大人が一緒に遊んでも、負担が少ない

激しい遊びではないので、大人も楽です。身長差による辛さがある場合は、大人は立膝で遊びます。

⑦　他の子どもも参加したがる

大人と2人でやっていたら、必ずみんなが「次、私と！」「僕

もしたい！」などと加わってきてくれます。

⑧　子どもだけの遊びにもっていきやすい

　⑦の状況になったら、「次は○○くんと◇◇ちゃんでやってごらん」と子ども同士の遊びへと移行しやすいです。大人は見守り役になれます。

⑨　成功したか否かの結果がすぐにわかる

　上手に回れたか、手が離れたり、もつれたりしてしまったか、すぐに結果がわかります。

　協力し合って成功したときは2人で喜べます。つまり嬉しい気持ちを共有する体験もできます。

⑩　失敗しても、笑いに変えられる

　成功したら達成感を持てますが、失敗しても「あれ？」「おかしいな〜？」と笑いに変えられます。

⑪　失敗しても、すぐにやり直せる

　できなくて悔しい気持ちを、すぐ次に挑戦するエネルギーに変えられるため、せっかちな子どもも、気持ちが満たされます。

⑫　家庭に持ち込んでも保護者の負担が少ない

　⑥と同じ理由です。

⑬　年長組でも楽しめる

　だんだん手を繋ぐ人数を増やしていって、最後は学級全員で1つの輪を作って回る（全員が手を繋いだまま背中合わせの円

になる）こともできます。

　観察ポイントをたくさん挙げていますが、大切なのは言うまで
もなく、子どもたちが楽しみながら遊べることです。観察ポイン
トが「できていない」ことに気付いたからといって「注意」する
かかわりをすると楽しめなくなってしまいます。その子の特徴を
知るための目安にしてください。

　できるようになってきたら、3人、4人と人数を増やしていく
ことができます。熱心な先生ほど、つい「そこそこ！　○○ちゃ
んと◇◇くんの間から回るよ！　△△くん、先頭でくぐって！」
などと解決策を口にしてしまいがちですが、それをすると、「お
勧めの理由」に書いたねらいの意味がなくなってしまいます。ど
うすれば「言葉を使わずに（歌をうたいながら）」「みんなを意識
しながら」「察知して」「協力して」「成功できるか」という視点
での声かけをしてもらえればと思います。

　わらべうた遊びの「なべなべそこぬけ」。
　一度やると「あ！　なべなべの先生が来た！」と言われるよう
になりますが、筆者はこの遊びは、天が「気になる子」のために
授けてくれた遊びなのではないかと思うほど、気に入っています。
「気になる子」もそうでない子どもも、夢中になって笑いながら
遊んでくれるからです。
　今はこのわらべうたを知らない先生も多いのですが、YouTube
などにも動画がたくさん上がっていますので検索してみてくださ
い。

図表6−1　なべなべそこぬけ

往　路		観察ポイント
2人1組で向かい合って手を繋ぐ。		・手を握る力加減 ・向かいの人との距離感
♪ なーベーなーベー 　 そーこぬけー ♪ そーこがぬけたら		・歌のテンポを相手に合わせます。 ・手をゆらゆらするスピードや力加減
♪ かえりま		・相手の動きを推測して合わせます。「右？ 左？ どちらから回るかな？」 ・回るときの勢いやスピード
♪ しょう		・成功しても、失敗しても相手と達成感や失敗感を共有できます。

復　路		観察ポイント
もう一度、わらべうた を歌いながら、もとの かたちに戻ります。		・背中合わせになって おり相手が見えない ため、雰囲気だけが 頼りです。
♪ なーべーなーべー 　　そーこぬけー ♪ そーこがぬけたら		・往路に同じ
♪ かえりま		・相手の動きを雰囲気 から想像して合わせ ます。
♪ しょう		・往路に同じ

あとがき

　キンダーカウンセラーとして未就学児の発達支援に関わるようになったのをきっかけに、保育巡回相談員などの仕事に携わるようになり14年が経ちました。常勤で務めていた精神科・心療内科の年数をいつの間にか越していたことに、本人が一番驚いています。

　筆者の保育臨床歴の特徴は、個人開業の心理士として私立幼稚園に、また自治体の委嘱職員や会計年度職員として、様々な規模の市町村の幼稚園、保育所、認定こども園、小規模保育所、認可外保育施設等に、単発で、あるいは継続的に関わらせていただいてきたことではないかと思います。

　「保育や教育という領域には、医療のように、確実な専門的知識や技術といったものが存在しない」という言葉を聞いたことがあります。確かに、保育者個人の力量や経験則によって行われている内容や質には違いがあり、保育者の努力で個人の資質が向上することはあっても、組織には蓄積されにくい印象があります。ですが、例えば「気になる子」という1つのテーマに、外部スタッフとして心理を専門とするカウンセラーが関わることで、施設の中には共通の認識や理解、学びが生まれていきます。1人の子どもの育ちをみんなで見守り、知恵を出し合い、支え合うことが、園の組織力の向上へ、組織の資質の向上へと繋がっていく、いくつもの園のそんな姿を、目の当たりにしてきました。

　幼稚園教諭、保育士不足が問題になって久しいですが、それらは解消されることなく、現場の先生方の負担が減ることはありま

せん。今回の学校教育法施行規則の改正で、幼稚園にカウンセラーの配置が可能となったことで、多くの園で、保育者とカウンセラーのコラボレーションの実現が可能となりました。これがうまく機能して、先生方の負担が少しでも軽くなり、一人ひとりの子どもが、よりのびのび、よりすくすく育つ環境が日本全国に整うことを願います。

　最後に、本書の出版の機会をいただき、執筆をサポートし続けてくださった日本法令の志田小夜子氏、大阪府と京都府のキンダーカウンセリング事業の立ち上げ時の様子を詳細に教えてくださった京都橘大学健康科学部心理学科の菅野信夫教授、筆者が「気になる子どもたち」にぜひとも紹介したかったわらべうた遊び「なべなべそこぬけ」のイラストを、イメージどおりに描き上げてくださった京都温故堂の丸住和夫先生、島嶼部に住む私には手に入りにくい文献や、執筆の合間にとお菓子を送り続けてくれた本土の心理士仲間、そして何よりも幼稚園や就学前施設でのカウンセリング活動に関心を持って本書を手に取ってくださった読者の皆様に、心より感謝申し上げます。

Well-Being is based on Well-Developing.
Let's collaborate, work together!

那覇の書斎にて
2022年8月

丸山　直子

参考文献

- 安家周一・邨橋雅広・菅野信夫・辻河優（2004）「大阪府私立幼稚園連盟におけるキンダーカウンセリング事業の利用効果」『日本保育学会大会発表論文集（57）』

- 上村眞生（2012）「保育士のメンタルヘルスに関する研究—保育士の経験年数に着目して—」『保育学研究 50巻第1号』p53-56

- 大西貴子、國久美代子（2018）「幼児期の発達障害支援におけるキンダーカウンセラーの役割」『次世代教員養成センター研究紀要　第4巻』p45-52

- 大橋智樹・今野舞（2011）「公立学校における学校臨床の現状と課題」『宮城学院女子大学発達科学研究』p33-42

- 緒方宣挙（2019）「「気になる子ども」への保育者の対応に関する研究の動向」『大阪総合保育大学紀要　第14号』p69-83

- 小川恭子（2014）「キンダーカウンセラー活動の現状—研究動向と今後の課題について」『花園大学心理カウンセリングセンター研究紀要　第8号』p41-49

- 河合隼雄（著）、村山正治・滝口俊子（編）（2008）『河合隼雄のスクールカウンセリング講演録』創元社

- 菅野信夫（2012）「幼稚園での保護者面接より」『子育て支援と心理臨床　Vol.5』福村出版、p134-137

- 菅野信夫（2004）「幼稚園における子育て支援――キンダーカウンセラーの活動」『臨床心理学　第4巻第5号』金剛出版、p600-605

- 木曽陽子（2013）「発達障害の傾向がある子どもと保育士のバーンアウトの関係—質問紙調査より—」『保育学研究　第51巻第2号』p199-210

- 鯨岡峻・鯨岡和子（2004）『よくわかる保育心理学』ミネルヴァ書房
- 佐伯文昭（2010）「保育所における発達相談―今日的意義と課題―」『関西福祉大学社会福祉学部研究紀要　第13号』p87-94
- 清水里美（2018）「幼稚園・保育所での支援――保育コンサルテーション」『子育て支援と心理臨床　vol.15』福村出版、p10-17
- 下山晴彦・岡田裕子・和田仁孝（編）（2021）『公認心理師への関係行政論ガイド』北大路書房
- 滝川一廣（2017）『子どものための精神医学』医学書院
- 滝口俊子、下川和子（2012）「保育カウンセリングをめぐる一考察」『立教女学院短期大学紀要　第44号』p71-77
- 滝口俊子・山口義枝（2008）『保育カウンセリング』放送大学教育振興会
- 特定非営利活動法人アスペ・エルデの会（2018）「巡回相談支援活用マニュアル」
- 特定非営利活動法人アスペ・エルデの会（2018）「効果的な巡回相談支援のための基本と実践」
- 中島義明、他（編）（1991）『心理学辞典』有斐閣
- 中山政弘、山下雅子、森夏美（2017）「幼稚園・保育園における臨床心理士のニーズについて～発達・教育相談の視点から～」『福岡県立大学心理臨床研究　第9巻』p49-56
- 乳幼児保育研究会（編著）・田中真介（監修）（2009）『発達がわかれば子どもが見える』ぎょうせい
- 羽下大信（2021）「私立幼稚園におけるキンダーカウンセラーの役割について」『幼稚園・認定こども園のための学校評価マニュアル・兵庫県私立幼稚園協会モデル―振り返りから始める

自己評価・学校関係者評価—』（一般社団法人兵庫県私立幼稚園協会）、p47-51

- 藤井和枝（2011）「「保育カウンセリング」についての一考察」『浦和論叢　第45号』（浦和大学・浦和大学短期大学部）、p71-80
- 村瀬嘉代子（2020）『新訂増補 子どもの心に出会うとき』金剛出版
- 村山正治（2011）「スクールカウンセリング事業の展開」『スクールカウンセリング（臨床心理学増刊第3号）』金剛出版、p22-26
- 守巧、酒井幸子、前田泰弘、小笠原明子（2016）「幼稚園における気になる子に対する新任教諭による援助の実態」『東京家政大学研究紀要　第56集（1）』p115-121
- 山本麻実子、辻河昌登、辻河優（2009）「大阪府私立幼稚園におけるキンダーカウンセラー活動に関する調査研究」『心理臨床学研究　第27巻第1号』p88-94
- 一般財団法人日本心理研修センター（監修）（2019）『公認心理師現任者講習会テキスト　改訂版』金剛出版

参考 Web サイト

※内容現在は、執筆当時

- 一般社団法人大阪府私立幼稚園連盟ホームページ
- 一般財団法人日本心理研修センターホームページ
- 北九州市子ども家庭局「児童虐待の防止と子育て支援について（本市における児童虐待の未然防止の取り組み）」（2022年4月28日）
- 公益財団法人日本臨床心理士資格認定協会ホームページ
- 厚生労働省e-ヘルスネット
- 厚生労働省子ども家庭局保育課、社会・援護局障害保健福祉部、障害福祉課障害児・発達障害者支援室「保育所等における障害のある子どもに対する支援施策について（事務連絡）」（平成29年8月4日）
- 産経新聞2021年11月4日記事「スクールカウンセラー配置3万件も不登校減少つながらず」
- 総務省 自治行政局公務員部「会計年度任用職員制度について」
- 総務省統計局「統計でみる都道府県のすがた　2022」（2022年2月）
- 独立行政法人国立特別支援教育総合研究所ホームページ
- 内閣府「都道府県別の認定こども園の数の推移（平成19年～令和3年）」
- 日本教育新聞 2004年5月28日 記事「「保育カウンセラー」を提案」
- 日本プレイセラピー協会ホームページ

- 文部科学省「学校保健統計調査―令和2年度　都道府県表「9　相談員・スクールカウンセラーの配置状況」」
- 文部科学省「幼稚園教員の資質向上について―自ら学ぶ幼稚園教員のために（報告）」（2002年6月）
- 文部科学省「児童生徒の教育相談の充実について―生き生きとした子どもを育てる相談体制づくり―（報告）「2　スクールカウンセラーについて」」（2007年7月）
- 文部科学省初等中等教育局幼児教育課「幼児教育実態調査」（平成24年度、平成26年度、平成28年度、令和元年度）
- 文部科学省初等中等教育局「令和4年度 概算要求主要事項」（2021年10月28日第132回初等中等教育分科会参考資料3）
- 文部科学省「学校教員統計調査（令和元年度）」
- 文部科学省「スクールカウンセラー等活用事業実施要領」（令和3年4月1日一部改正）
- 文部科学省「学校教育法施行規則の一部を改正する省令の施行について（通知）」（令和3年8月23日）
- 文部科学省「令和元年度スクールカウンセラー実践活動事例集」
- 文部科学省　教育相談等に関する調査研究協力者会議（第1回）配付資料　資料6「スクールカウンセラー」について

著者略歴

丸山　直子（まるやま　なおこ）
1967年京都市生まれ
公認心理師・臨床心理士

[現在]
合同会社OfficeTiiDA代表
心理・発達サポートルーム代表

[主な職歴（子育て支援関連）]
京都府私立幼稚園連盟派遣　キンダーカウンセラー
京都市保育園連盟　保育園巡回相談員、保育窓口相談員
京都市民間保育障害児統合保育対策事業　訪問相談員
那覇市保健所発達相談員、保育巡回相談員
沖縄市保育巡回相談員
他、4市町村での未就学児支援に携わる

[主な講師歴]
関西カウンセリングセンター指導カウンセラー・スーパーバイザー／日本産業カウンセラー協会 関西支部スーパーバイザー／京都文教大学 幼稚園教員免許更新講習ゲストスピーカー／幼稚園・保育所、保健所、放課後児童クラブの職員研修や保護者向け講演・講話等

**幼稚園版 スクールカウンセラー
導入・活用・実践ガイド**　　令和4年8月20日　初版発行

 日本法令®

〒101-0032
東京都千代田区岩本町1丁目2番19号
https://www.horei.co.jp/

検印省略	
著　者	丸　山　直　子
発行者	青　木　健　次
編集者	岩　倉　春　光
印刷所	神　谷　印　刷
製本所	国　宝　社

（営　業）	TEL 03-6858-6967	Eメール	syuppan@horei.co.jp
（通　販）	TEL 03-6858-6966	Eメール	book.order@horei.co.jp
（編　集）	FAX 03-6858-6957	Eメール	tankoubon@horei.co.jp

（オンラインショップ）　https://www.horei.co.jp/iec/
（お 詫 び と 訂 正）　https://www.horei.co.jp/book/owabi.shtml
（書籍の追加情報）　https://www.horei.co.jp/book/osirasebook.shtml

※万一、本書の内容に誤記等が判明した場合には、上記「お詫びと訂正」に最新情報を掲載
しております。ホームページに掲載されていない内容につきましては、FAXまたはEメー
ルで編集までお問合せください。

・乱丁、落丁本は直接弊社出版部へお送りくださればお取替えいたします。
・ JCOPY 〈出版者著作権管理機構 委託出版物〉
本書の無断複製は著作権法上での例外を除き禁じられています。複製される場合は、そ
のつど事前に、出版者著作権管理機構（電話 03-5244-5088、FAX 03-5244-5089、
e-mail: info@jcopy.or.jp）の許諾を得てください。また、本書を代行業者等の第三者に依頼
してスキャンやデジタル化することは、たとえ個人や家庭内での利用であっても一切認め
られておりません。

© N.Maruyama 2022. Printed in JAPAN
ISBN 978-4-539-72916-8